# 生命抚育生命

## 园艺心理
## 在小学学科融合中的
## 应用探索

北京市东城区史家实验学校　编著

中国发展出版社
CHINA DEVELOPMENT PRESS

图书在版编目（CIP）数据

生命抚育生命：园艺心理在小学学科融合中的应用探索 / 北京市东城区史家实验学校编著. —北京：中国发展出版社，2022.9
ISBN 978-7-5177-1311-1

Ⅰ.①生… Ⅱ.①北… Ⅲ.①小学教育—教学研究 Ⅳ.①G622.0

中国版本图书馆CIP数据核字（2022）第139772号


书　　　名：生命抚育生命：园艺心理在小学学科融合中的应用探索
著作责任者：北京市东城区史家实验学校
责 任 编 辑：杜 君　龚 雪
出 版 发 行：中国发展出版社
联 系 地 址：北京经济技术开发区荣华中路22号亦城财富中心1号楼8层（100176）
标 准 书 号：ISBN 978-7-5177-1311-1
经 　销 　者：各地新华书店
印 　刷 　者：北京市密东印刷有限公司
开　　　本：710mm×1000mm　1/16
印　　　张：11.5
字　　　数：188千字
版　　　次：2022 年 9 月第 1 版
印　　　次：2022 年 9 月第 1 次印刷
定　　　价：45.00元

联 系 电 话：（010）68990642 82097226
购 书 热 线：（010）68990682 68990686
网 络 订 购：http://zgfzcbs.tmall.com
网 购 电 话：（010）68990639 88333349
本 社 网 址：http://www.develpress.com
电 子 邮 件：fazhanreader@163.com

# 本书编委会

**主　编**

洪　伟　金　强

**副　主　编**

李　娟　范汝梅　高李英　王燕红

**编写教师**（按姓氏笔画排序）

丁笑迎　尤佩娜　叶　楠　丛嘉祥　冯金旭　乔　艳　刘梦媛　闫仕豪

孙　鸿　李秋敏　李　洋　李　雪　杨　红　何美仪　谷思艺　张　璐

张文芳　金　琳　柯凤文　耿小洁　韩凯旋　韩春明

**参与教师**（按姓氏笔画排序）

于　晶　马涵爽　石　瑜　田晓洁　史晓娇　冉小伶　边晔迪　朱　玲

任江晶　刘东荣　刘立美　刘　阳　刘　颖　刘　霞　李　芳　李丽梅

李晓雷　李淑红　杨　婧　吴　桐　张　倩　张艾琼　张婉霞　苗　苗

英　文　罗一萍　金海艳　周海燕　赵　民　赵　旭　徐艳丽　徐　菲

高　幸　郭海平　郭雪莹　曹艳昕　崔　旸　阎　冬　韩　芳　鲁　静

谢紫微

# 园艺心理

## ——核心素养背景下小学心理健康教育新尝试 [①]

史家实验学校在史家教育集团"和谐 +"的理念基础上，融合"生态"教育，提出了"和谐 + 生态"的教育理念，即借鉴自然生态的发展规律，研究、探讨教育本身的发展问题，致力于创建绿色校园、智慧校园和幸福校园。核心素养的提出对教育提出了新的要求。我们依托核心素养，开展了小学心理健康教育的特色化探索——园艺心理，致力于突破学科界限，努力提升学生的必备品格和关键能力。

## 一、缘起

近年，心理健康教育越来越受重视，中小学开始从不同层面开展心理健康教育（简称心育），心育途径也越来越多，比如绘画、舞蹈、沙盘等都很有趣，也很有吸引力。史家实验学校一直非常重视心理健康教育，丰富的心育活动和层级化的心育课程形成了专业化的心育体系。经过近十年的发展，史家实验学校走在了北京市乃至全国学校的前列。

但是随着各校专业力量的持续增强，如何继续保持我校心育优势，更大化地让心育服务于学校师生，成为我们面临的新课题、新挑战。

———————————

① 本文曾发表于《中国教育学刊》2018年增刊。

此时，北京教育学院园艺心理项目进入我们的视野，其"品园学艺、强体健心，重建与自然的联结，用生命抚育生命"的理念与我校的生态教育理念完美契合，都是致力于用生命抚育生命的探索。基于此，我们开始依托园艺心理项目展开学校心理健康教育的系统特色化探索，促使我校心理健康教育实现从专业发展到特色发展。

## 二、发展过程

园艺心理 2015 年年底在我校扎根，其发展过程可概括为如下三个阶段。

### （一）起点学习期

2015 年 11 月，我校正式引入园艺心理，但是对于园艺心理是什么、要做什么、怎么做、谁来做、在哪里做……都是一片空白，一切都要从零开始。

学校的突破策略是：学习与培训。任何事情都有一个从不知到知、从无到有的过程，不知道就先学习，组织培训研讨，提供书籍和资料，鼓励自学，寻找在学校课程构建中可以契合的实践点。老师们开始初步了解园艺心理，发现了园艺心理的诸多价值，学习后找到了如下的理论支持。

1. 园艺疗法：园艺活动对心理疾病患者有影响

园艺心理的理论来源是园艺疗法，很多研究都集中在对心理健康水平偏低的人群，如郭庭鸿、董靓（2013），张加轶（2014）等探索了用园艺的方式对自闭症儿童进行干预研究和辅助治疗。诸顺红等（2016），黄燕颖（2017）探索了园艺疗法对慢性精神分裂症住院患者的影响。王新宇（2016），吴进纯（2018）研究了园艺疗法对抑郁人群的影响。

2. 园艺活动对普通人群身心健康的影响

有研究者关注了园艺活动对普通人群健康的影响。赵非一、张浙元等（2016）指出，园艺疗法被分为治疗型（对疾病或伤残进行医疗复健）、职能型（旨在促进病患的社会属性，助其早日回归社会）及社会型（提升生活品质与福祉）。李明达（2015）认为园艺疗法对改善人体健康有重要的意义，其主要通过植物、植物的生长环境以及与植物相关的各种活动，来维持和恢复人们的身体与精神机能，提高生活质量。

3. 园艺活动对在校学生心理健康有积极作用

近年还有人研究了园艺活动对在校学生心理健康的价值。吴志雄、邱鸿钟（2013）认为园艺疗法能使大学生心态平静、心情舒畅；增加学生活力，培养耐心，培养正确的判断力和计划性，对于性格孤僻的学生，则能够提升他们的自信心、价值感和成就感。袁辛（2011）指出南开大学将园艺治疗理念引进了学生心理健康教育，积极推行园艺助心活动。卢春辰（2014）认为园艺活动对于学生们身心健康的改变是不容忽视的。黄瑜勤、颜庆璋（2017）也指出园艺疗法具有减轻压力、缓解病情、增强活力、提高认知、促进交流等效果。

这些研究及结论为我们将园艺活动应用于心理健康教育提供了理论基础。

基于以上理论学习及学校的心理健康教育需求，我们找到了可以具体落实的途径：园艺心理课程。主要原因如下。

第一，它是一门致力于学生成长发展的学科融合课程。正如黄瑜勤、颜庆璋（2017）指出的园艺疗法是一门新兴的交叉学科，它集植物学、园林设计学、医学、心理学、哲学、公共教育学、社会福利学等多种学科于一体。这与我校基于核心素养的课程改革如出一辙，让学校的教育不再立足于学科知识，更重要的是培养学生能够适应终身发展和社会发展需要的必备品格和关键能力。

第二，小学生本身的认知发展特点——具体形象思维，凸显出园艺心理实践的优势。与以往心理课中设计的情境活动相比，园艺活动本身具有的生命性、真实性和综合性，给了它特别的生命力。

第三，课堂是学校工作的主阵地，只有实现了课程化，这项工作才能够真正落到实处。

**（二）尝试探索期**

1. 看到优势

没有尝试就不会有进步，即便是失败的探索也能给我们一些宝贵的经验，基于此，加之前一阶段的学习，我们开始具体落实园艺心理课程。

最初从字面"园艺心理 = 园艺 + 心理"开始，学校科学老师和心理老师共同设计出第一节园艺心理课程"我和水培植物交朋友"。这节尝试意义的课上学生的用心体验和投入，有意想不到的收获，体现出园艺活动的包容性和心理健康教育的创新途径，以及园艺心理课程持续发展的优势。

2. 发现发展路径

经过初步的尝试，项目组成员对园艺心理课程的持续开展有了信心，开始在传统课堂和心育活动中加入园艺心理的要素，探索出了两条园艺心理课程发展路径。

第一，主题德育活动。

将园艺活动引入传统心理健康教育中，开展了一年一度的"525心理健康节"主题活动，结合母亲节、父亲节进行了"土豆变身记"活动，全校有20多个班级、近700名学生参与到活动中。深度参与的班级，班主任老师结合活动设计了主题班会"土豆宝宝成长记"。更多师生了解了园艺心理，增强了学校项目组老师持续探索的动力。

第二，园艺心理融合课程。

项目组老师对于园艺活动的开展愈加熟练，心育主题与园艺活动开始有机融合。通过"草头娃娃的培育"这一园艺活动，学生们将自我认识有机融合其中，实现了心理健康教育主题与园艺活动形式的深度融合，形成了基于园艺活动的心育课程雏形。

本阶段的探索让我们发现园艺心理课程的特点：活动的系统性、活动结果的易迁移性、活动体验的真实性。

**（三）全面发展期**

经过半年多的探索学习，我们做到了从无到有、从有到雏形初现，作为课程探索与开发，学校设置园艺心理自主课程，科学学科也加入园艺心理的部分，园艺心理课程正式进驻课表，有了属于自己的实践阵地；园艺心理项目进入系统化探索阶段，系统化的园艺心理课程开始呈现。

1. 学科融合课程出现，心育力量加强

语文老师的综合实践园艺心理课程让授课老师感受到了园艺心理带来的不一样，学生们深度参与到了课堂中，连平时语文课上并不是很认真的孩子都开始专注了。此后越来越多的语文老师加入园艺心理课程探索的队伍中来，从观察日记，到口语表达、交流沟通，再到逻辑语言训练，园艺心理走进了语文课堂。

这个阶段，园艺心理课程发展到了新高度：综合型的学科融合课程——以学科老师为主导力量，开发出以本学科为主、借助园艺活动开展、在心理学引领下的学科融合类课程。由此我校的心育教师也有了一个阶梯式的团队呈现：专职—兼职—学科融合人员，为接下来心理健康教育持续普及和推广发展奠定了人员基础。

园艺心理课程也开始被正式定为学科融合课程，从核心素养和创新型人才培养的角度开展小学全科型教师和学科融合课程的园艺心理项目探索。

2. 园艺心理特色班级出现

以园艺心理为特色的班级建设出现。班主任们开始深入挖掘园艺心理素材，以园艺心理理念和方法进行班级建设和管理，形成了特色班级文化和管理风格。多位班主任老师结合本班和自身特点，探索出了具有园艺心理特色的班级建设方向和方法，成为我校特色班级文化之一。

3. 园艺心理课程体系初步建立

经过两年的探索，园艺心理课程探索出了明晰的园艺活动形态和学校课程形式，找到了能够在我校园艺心理课程中熟练使用的园艺活动形式：自然观察、植物栽培和自然物创作。课程开始走向系统化和专业化，初步建立了园艺心理课程体系。

园艺心理课程参与人员和不同学科的增加，直接促进了课程的系统提升。经过结构化梳理，园艺心理课程开始被定义为特色课程和精品课程，参与人员也形成了"园艺＋心理＋基础学科"三方面构成的稳固三角形结构。

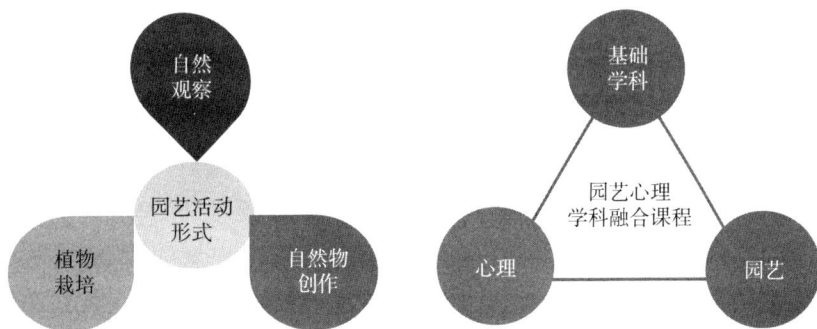

## 三、园艺心理发展成果

除了在心理课程方面的收获之外，园艺心理的探索也带动了学校其他方面的成长，主要体现在如下两方面。

### （一）教师的专业成长

三年的园艺心理探索，项目组成员也有很多收获和成长，园艺心理带来的收获已经远远超过了课程本身，我们对教师成长也有了新思考。

首先，年轻老师在关注专业的同时，开始关注学科融合，从专业讲授传道授业，走向课程引领学生发展。其次，年长教师从关注作品本身，走向了关注人的成长，从关注结果走向关注过程，面对学生的作品不再只看作品本身，开始关注作品完成过程中学生的付出和感受。最后，学科教师学生观的改变，不再拘泥于统一的标准，而是学会了去接纳学生的差异，给学生更多的空间，理解和尊重他们的不同，认识到学生的个性化特点，并在此基础上再次审视教育教学工作。

在园艺心理课程开发、实践、反思、再实践的过程中，老师们的学生观、教学观、课程观不断变化，由单一学科教学到多学科融合教学再到用课程的视角看待教学，这些观念上的改变是学校发展的动力源，教师的成长是学校的财富。正像史家教育集团提出的"好教师就是好教育"，好教师将惠及更多的学生，而学生在绿色、智慧、幸福的校园里快乐成长正是我们的教育目的。

### （二）收获及成绩

三年的探索得到了各界专家、同行的认可和肯定。凭借园艺心理特色课程，多位老师获得北京市各项殊荣，园艺课程被推荐为东城区精品课程，学校被教育部评为全国心理健康特色示范校，被北京教育学院评为北京市协同创新示范校等。

## 四、未来的发展方向

### （一）园艺心理项目要持续专业化发展

虽然我校园艺心理探索硕果累累，但对于一个专业领域而言，三岁的它还只是一个幼儿，要想让它茁壮成长，接下来的持续探索和专业化发展需要更加用心和努力，毕竟比起从无到有，从有到优需要经历的磨砺会更多。

### （二）园艺心理项目全方位融入心育

此前探索多在教育普及类课程，对于辅导和干预类，只是初步尝试，接下来希望能够以园艺疗法为指导，让园艺心理逐步融入我校心育工作的各方面。

### （三）园艺心理项目评价数据的科学性

目前评价主要来自参与师生的反馈，听课同行专家们的评论，但是科学性数据资料比较匮乏，为了让园艺心理的成效更有科学性，接下来需加入数据资料的支持，让园艺心理探索效果更具有说服力。

## 参考文献

[1] 郭庭鸿，董靓.儿童孤独症康复花园辅助疗法初探.中国康复理论与实践，2013（19）

[2] 张加轶，郭庭鸿.自闭症儿童康复花园园艺疗法初探.四川建筑，2014（12）

[3] 诸顺红，万恒静，陆志德，吴慧萍，张群，叶尘宇.合并园艺治疗对慢性精神分裂症住院患者随机对照研究.上海精神医学，2016（4）

[4] 黄燕颖.园艺治疗对长期住院老年性精神分裂症患者的影响.护理实践与研究，2017（14）

[5] 王新宇.园艺疗法对抑郁青少年身心影响的研究.成都医学院硕士学位论文，2016

[6] 吴进纯.园艺疗法对抑郁症患者生活质量及社会功能的影响.中国护理管理，2018（18）

[7] 赵非一，张浙元，韩茨，夏小芥，许红.园艺疗法干预儿童孤独症的生态学、社会学及生理学机制研究.北京林业大学学报（社会科学版），2016（15）

[8] 李明达.牡丹观赏活动对身心健康的影响探究.西北农林科技大学硕士学位论文，2015

[9] 吴志雄，邱鸿钟.园艺疗法在培养大学生积极心理品质中的作用.保健医学研究与实践，2013（10）

[10] 袁辛.南开大学园艺助心的实践与探索.中国心理卫生协会大学生心理咨询专业委员会会议论文集，2011

[11] 卢春辰.园艺疗法在校园的应用建议.商，2014

[12] 黄瑜勤，颜庆璋.园艺疗法在国内的发展现状与应用.现代园艺，2017（12）

# 目　录
## Contents

1

# 下　篇
## 园艺心理探索与成长

# 基于园艺活动的心理健康
# 学科融合课程

## 上 篇

Part One

# 第一章

# 以自然观察为载体的园艺心理课程

# 校园植物探秘——春天的秘密 ①

## 一、指导思想与理论依据

本课主要是基于园艺疗法的应用及体验式学习来设计的。园艺疗法，简单的定义是：利用园艺来治疗。许多研究表明，园艺活动有助于人们的身心健康，有助于培养创作激情、培养忍耐力与注意力，增强人们行动的计划性。据此，本课借助宾果方格、创作春天等活动让学生体验观察春天，感受大自然的神奇，提升人对自然的感知能力。

体验式学习是一种以学习者为中心的学习方式，这种学习方式的开展需要通过实践与反思的结合才能获得期望的知识、技能和态度。本课通过对叶子不同要求的摆放，让学生体验到个人选择对集体的影响，进而在体验中学会根据集体目标调整个体选择。

## 二、学情分析

小学低年级的孩子们刚进入小学学习不久，他们活泼好动、天真烂漫，对学校的一切充满好奇，大多数人思维活跃，学习的兴趣较浓，对于新鲜事物的接受程度高。低年级学生的思维以形象思维为主，直观的感官刺激和感性经验更有利于他们的思维发展。由于孩子们年龄较小，在学习中离不开教师在教学活动中的示范和引导。

---

① 授课对象：一、二年级；授课教师：刘梦媛。

## 三、教学目标

· 能够说出春天植物的变化，能够发现多种不同的植物，发现植物之间的不同点。

· 提升观察植物的能力，学生通过将亲身的体验和感受转化为语言进行表达，提升学生的口语表达能力，能制作简单的花朵、树叶等植物作品。

· 通过观察植物，提升人对自然的感知能力，产生对植物的喜爱。

· 培养对大自然的热爱和憧憬，体验大自然的神奇和魅力。

## 四、教学准备

枯树枝，每人一根，大概 30 根；各种颜色的超轻黏土；每组一盒彩笔，每人一支削好的铅笔；每人一份学案。

## 五、教学过程

### （一）古诗词导入

· 展示古诗词，引入"春天"主题——白居易《大林寺桃花》。学生阅读诗词，说一说是描写什么的，与春天进行联系。

· 出示春天的图片，进行欣赏，感受春天的美丽。

· 出示板书：春天的秘密。

【设计意图】借助古诗和图片引出对春天植物的印象，调动孩子们的兴趣和积极性。

### （二）发现春天

1. 我记忆中的春天

布置任务：选一种自己最喜欢的春天才有的植物并将其画下来。

【设计意图】初步认识春天，呈现学生最初的认知，和之后的感受形成对比。

2. 发现春天比赛

请学生明确活动规则：

（1）安静、有序；

（2）注意集合时间、手势；

（3）如果有你喜欢的植物，请记住它的样子。

带领学生走入校园，解答学生问题，根据学生的问题，锁定某一种植物，引导学生感受春天。学生观察校园植物，记录下不同植物的样子。

【设计意图】加深学生对植物的印象，增加对植物的了解。

3. 我发现的春天

学生小组间分享自己的发现。

【设计意图】锻炼学生的口语表达能力。

### （三）留住春天的美好

· 学生分享自己的感受，对自己当天所看到的植物说一句话。

· 学生动手制作自己发现的春天。分发材料，学生根据自己所观察到的植物，选择一种自己最喜欢的植物进行制作。

【设计意图】学生说一说自己的感受。通过情绪、情感的体验，增强自然感知力。

## 六、教学反思

通过前面学生绘制自己印象中的春天和后面观察春天植物形成对比，学生了解到了植物的多样性，增强了学生对植物、对大自然的感知能力。

多样化的活动，使学生从不同的角度认识春天的各种植物。学生也在观察中了解到了同一种植物也有不同之处。这不仅提升了学生观察植物的能力，同时提升了与自然的联结水平，并将自己的所见进行转化，制作成了绘画或手工作品。

# 我们长大了 ①

## 一、指导思想与理论依据

理查德·洛夫在他的著作《林间最后的小孩——拯救自然缺失症儿童》中曾指出，孩子就像需要睡眠和食物一样，需要和自然的接触。人的心智是通过感官和知觉形成在思维上的认知整合、判断、推理，如果孩子们没有真实的认知，没有与自然的接触，没有在自然中学习、探索、体验的经历，他们的感觉和知觉都会受到影响。

因此让孩子们多与自然接触，帮助孩子们了解自然知识，有助于释放其天性，激发其自身潜能，助其独立自由个性化发展。

生涯教育，是一种帮助学生正确认识自我并自主规划人生的教育。在小学阶段，学生人生观、世界观初步形成，开展生涯教育有助于他们更好地认识自我、发展兴趣。

## 二、学情分析

小学低年级是学生自我意识发展的上升时期，他们的自我意识随年龄增长会变得更加深刻。自我意识的发展也是个体不断社会化的过程。二年级的学生有别于一年级刚刚入学的孩子们，他们已经较好地适应了小学生活，初步形成了集体意识，因此选择在此阶段进行集体自我察觉教育，培养集体意识。

---

① 授课对象：一、二年级；授课教师：刘梦媛。

## 三、教学目标

- 能够通过观察总结出植物的生长变化规律。学会制定目标，并付出行动为之努力。理解目标的实现与自身行为的关系。
- 能够通过对比发现自身的变化，提升自我察觉的能力。学生分享亲身体验和感受，提升语言表达能力。
- 能够认识自己的成长，树立自信。培养学生的生涯规划意识和集体意识。

## 四、教学准备

每组一盒彩笔，每人一支削好的铅笔，每人一个信封（信封里有一个"桃子"、一片"叶子"）。

## 五、教学过程

### （一）视频导入

- 请学生说一说，通过他的观察所看到的校园植物的样子。
- 聚焦桃树，教师播放视频。学生思考总结：桃树哪些方面发生了变化？

（板书：从无到有、从少到多、从小到大）

- 揭示课题：我们长大了。

【设计意图】通过视频以桃树的变化引入本课，调动孩子们的兴趣和积极性。

### （二）我与植物共成长

- 教师播放学生成长的视频，请学生观看。回顾一下一年级入学时的样子。
- 请学生说一说自己一年级是什么样子。

预设：

一年级入学的时候我个子很矮，坐在班里的第一个——身高、外貌

一年级的时候我认识的字很少——知识掌握程度

一年级的时候我还不会系鞋带——技能

· 一年之后到了二年级，你又有了哪些变化？把自己的变化写在"叶子"上。将"叶子"贴到黑板的大树上。

【设计意图】学生能够通过对比，发现自身的变化，提升自我察觉的能力；并且能够因为自己的成长，树立自信。

· 教师总结，将学生的变化与植物的变化进行联系。

大家快看，我们的大树发生了什么样的变化？（有了叶子、叶子越来越多、变茂盛了、碧绿碧绿的）大树是因为谁而变化的呢？（我们的成长）

· 请学生分享自己的变化。

预设：

我长高了——身高、外貌

我学会了很多知识，认识了好多的字——知识掌握程度

我学会了系鞋带——技能

性格变得开朗了，认识了很多新朋友

· 是啊，因为我们的成长和变化，大树茂盛了，你现在是什么心情？为什么？

【设计意图】通过情绪、情感的体验，增强自然感知力；锻炼学生的口语表达能力；培养学生的集体意识。

### （三）致三年级的我

· 二年级的我们已经有了这么多的成长，三年级的你会是什么样子呢？请你为明年的自己提出一个小目标吧。请你把它画在你的小桃子上。

· 指导实现目标的方法

方案一：找写出方法的同学，用多媒体展示，举例。

方案二：不过，要实现我们的愿望和小目标可是有方法的。刘老师认识一个小朋友，他想长高，所以就去咨询了专家爷爷。（PPT出示）科学长高的方法：a. 均衡饮食；b. 适当运动。

- 将实施方法写在叶子上。
- 全班同学将桃子贴在黑板的大树上。
- 这次看看大树又有了变化，你此时的心情如何？请学生说一说。
- 教师总结

一年四季，春夏秋冬，大树在成长。这棵大树之所以这么美，是因为有你们，因为你们的成长而美丽。刘老师希望你们每天都能进步一点点，每年变化一点点，每个人都能越来越优秀。我们的集体，我们的大树，也会因为我们的进步，变得越来越好，越来越茂盛。

【设计意图】培养学生的生涯规划意识和集体意识。

## 六、教学反思

通过前期课程的铺垫，学生对植物的特点有了一定的了解，从而很好地将植物的生长与自我的成长进行了联系，为后续达到课程目标做好铺垫。

通过播放视频的方式，学生很直观地看到了自己外表上的变化，因而引出学生内在和能力方面是否有所成长的思考，引出了目标的实现与自身行为之间的关系。

对比和制定新的目标，让学生理解目标的实现与自身行为之间的关系。通过板书的变化和相关活动，初步培养学生的生涯规划意识和集体意识；让学生在活动中树立自信，因自我成长而开心，为未来的自己树立目标，并为之行动。

# 我眼中的美丽校园 ①

## 一、指导思想与理论依据

《中小学心理健康教育指导纲要（2012 年修订）》指出，心理健康教育的总目标是：提高全体学生的心理素质，培养他们积极乐观、健康向上的心理品质，充分开发他们的心理潜能，促进学生身心和谐可持续发展，为他们健康成长和幸福生活奠定基础。

同时，《义务教育信息科技课程标准（2022 年版）》中指出，信息技术课程要培养的核心素养，包括信息意识、计算思维、数字化学习与创新、信息社会责任。具备信息意识的学生，具有一定的信息感知力，熟悉信息及其呈现与传递方式，善于利用信息科技交流和分享信息、开展协同创新；崇尚科学精神、原创精神，具有将创新理念融入自身学习、生活的意识；具有自主动手解决问题、掌握核心技术的意识。

杜威的教育即生活理论，强调了教育应体现生活、生长和发展的价值，构建一种美好生活，教育要直接参与儿童的生长过程。基于这个理论，设计了使用相机拍摄校园植物的课程，让学生感受校园生活的美好，体验合作带来的乐趣，同时提高了解决实际问题的能力。

## 二、学情分析

五年级学生的思维特点正从具体形象思维向抽象逻辑思维过渡，有一定的合作意识，自我意识逐渐增强，学生已经能够独立拍摄照片，并将照片导

---

① 授课对象：五年级；授课教师：李雪。

入计算机。

## 三、教学目标

- 小组合作拍摄至少 3 张照片，提升学生的团队协作能力和合作意识。
- 通过拍摄校园中的植物，激发学生对学校的热爱。
- 动用多种感官，掌握构图技巧。
- 在阅读自学提示单的过程中，了解图片像素数、分辨率与实际输出尺寸的关系。

## 四、教学准备

资料类：PPT。

学案类：学习单。

学具类：摄影设备、计算机、广播软件。

## 五、教学过程

### （一）了解拍摄技巧

1. 播放照片，激趣导入

教师播放《美丽的校园》组图，引导学生观察并猜一猜照片的拍摄地点。

2. 说特点，了解拍摄方法

学生在教师的引导下说出这些照片的特点，例如主体突出、清晰度高、色彩鲜明。

教师出示课件，带领学生分析摄影中的构图技巧。

3. 交流拍摄方案

学生说一说计划拍摄的植物、拍摄的方法。

【设计意图】学生通过看一看、听一听、说一说，动用多种感官，初步了解摄影基本知识和拍摄技巧，为后续合作拍摄照片做铺垫。学生通过欣赏校园美景，激发爱学校的热情。

## （二）分小组拍摄校园中的植物

1. 确认分工

学生分小组合作，确认每个小组的组长以及组员，并在组长的带领下进行分工；填写分工记录表。

2. 确定拍摄方案

学生分组讨论，确定拍什么、怎么拍。

3. 分小组拍摄校园中的植物

学生分组拍摄，每组拍摄至少 3 张照片，并填写学习记录单。

【设计意图】学生通过拍摄校园中的植物，掌握拍摄的技巧，提升审美意识。在分工合作的过程中理解与他人沟通、合作的意义，提升团结协作的能力。

### 《我眼中的美丽校园》学习记录单

| 组别 | | 组长 | | 小组成员及分工 | |
|---|---|---|---|---|---|
| 拍摄的照片数量 | | | | | |
| 拍摄内容简介 | | | | | |

## （三）学会简单处理照片的方法

1. 了解图片像素数、分辨率与实际输出尺寸的关系

学生拍摄完成回到计算机教室后，分小组导出拍摄的照片至计算机中，阅读桌面自学提示单，了解图片像素数、分辨率与实际输出尺寸的关系。

2. 学会裁剪照片

学生依据自学提示对部分照片进行裁剪。

看一看：美图秀秀中的裁剪工具。

试一试：按原始照片比例裁剪。

说一说：你的好方法。

【设计意图】学生在演示文稿中已经学过裁剪图片的基本方法，通过迁移，利用自学提示单和自学提纲，自主探究在美图秀秀中裁剪图片的方法。学生既掌握了图片参数的新知识，又提升了自学能力。

### （四）展示评价作品

1. 自评与互评

学生依据自学记录单和作品评价标准，分小组展示拍摄的作品，并进行自评和互评。

教师出示摄影作品评价标准：主题明确、画面清晰、构图有创意。

2. 小结

教师评价学生作品，在肯定的基础上提出建议。

【设计意图】学生通过展示自己小组拍摄的作品，提升自我效能感和满足感；同时，通过听取老师和同学的评价，找到自身不足，正确认识自我。

## 六、学习效果评价

语言表达、概括能力。回答问题准确，能说出课件中照片的特点，摄影中的构图技巧。

沟通、合作的意识。分小组合作学习，拍摄校园中的植物，并完成学习记录单。理解与他人沟通合作的意义。

自主实践，完成裁剪照片的练习。依据自学提纲，通过迁移，裁剪部分照片，提升自我效能感和满足感。

### 学生学习效果评价

| | 很好 | 较好 | 再努力 |
|---|---|---|---|
| 沟通合作意识 | | | |
| 主动参与学习活动 | | | |
| 拍摄照片的清晰度 | | | |
| 图片处理方法的掌握程度 | | | |

## 七、教学反思

本课将信息技术学科与心理学科内容相结合，学生通过拍摄活动，既掌握了摄影知识和技能，又增强了小组合作意识，在此过程中激发了爱学校的热情。

在展示摄影作品的过程中，学生将摄影知识与软件技能结合形成评价标准，运用自评、互评等多种形式进行评价，提升学生自我效能感。

本课如果能从更多角度体现心理元素，运用更多方法增强学生的沟通和合作能力，相信学生的学习收获会更多，效果会更好。

# 学会观察

## ——观察日记的中期交流 ①

## 一、指导思想与理论依据

本节课的设计基于真实情境任务指导，在实际的植物观察中，结合课文学习引导学生掌握连续观察的方法。一方面，学生在种植植物时，看到小植物一天天的变化能得到积极的情感体验，当生长过程中发生问题时，能体验情绪的变化和进行情感的自我调整；另一方面，在有目的的观察活动中，培养学生积极思考、善于发问的能力，以及坚持不懈地探索真理的科学精神。教会学生连续观察、细致观察的方法，并运用此方法写观察日记。教师力求在授课过程中引导学生回顾以往观察经历，梳理、总结、发现观察的规律，从而达到指导学生在写观察日记的基础上，继续开展观察，并丰富观察信息，完善表达的目的。

## 二、学情分析

在前期的准备工作中，学生从自选观察对象到开始种植，已经有了为期两周以上的观察经历。他们选择观察对象各有各的理由，但共同的是对小植物未来成长的美好期待。现实中他们有的成功了，有的失败后又吸取经验重新种植，带着"认真观察"的目的他们都做了记录。

对中年级学生而言，他们能比较好地自我纾解与调整自己的情绪，并且在观察过程中遇到困难时能够积极思考，通过咨询家长、上网查阅资料、看

① 授课年级：三年级；授课教师：张璐。

专业书籍等方式来解决问题。

本节课力求在授课过程中引导学生回顾以往的观察经历，梳理、总结、发现观察的规律，教会学生连续观察、细致观察的方法，并运用此方法写观察日记。

## 三、教学目标

- 梳理"五感"观察的基本方法，在观察活动中，培养学生积极思考、善于提问的能力。
- 在教师给定情境当中，与同伴进行交流，表达自己的情感。
- 培养学生坚持不懈探索真理的科学精神。

## 四、教学过程

### （一）谈话导入

两周前我们学习完第三单元后布置了写观察日记的任务，大家进行得怎么样了？今天就针对现阶段的观察进行一下交流，探讨一下观察的方法，希望能对我们今后的观察，以及写观察日记有所帮助。

### （二）了解学生观察内容

1. 小组汇报

你们都观察什么了？为什么选择观察它？

学生汇报，教师逐一点评。

是啊，我们身边的世界五彩缤纷，能去进一步了解的事物太多了。在这次观察活动中，同学们都很明确地找到了自己想观察的事物，而且各有各的理由，都很有道理。接下来，我更期待知道你们是怎么观察的？

2. 了解学生是怎样观察的

你们是怎么观察的呢？（板书：观察）

（1）看一看（形状、颜色、大小、厚薄等）

预设：

用眼睛看确实是观察事物的一种常用的方法。那你用眼睛都看到了什么？这么细微的地方你都看到了，你观察得真仔细。（板书：眼——看）

你再想想，还能怎么看？（对比地看）对呀，在对比中才能发现所观察事物的变化呀！边看边想象（想象地看）。

开动你的脑筋，还能怎么看？教师用盆栽植物示范（从上面、侧面、反面看），请观察我是怎样看的（不同角度地看）。

你们真有智慧，总结得真好！用眼睛仔细地看、对比地看、想象地看、不同角度地看，这些都是细致观察。（板书：细致）

结合课文，进一步感受细致观察的魅力。

你们知道吗？叶圣陶老爷爷就是这样细致观察的。让我们感受下细致观察的魅力吧！（出示PPT）

爬山虎刚长出来的叶子是嫩红的，不几天叶子长大，就变成嫩绿的。

（对比地看）

爬山虎的脚长在茎上。茎上长叶柄的地方，反面伸出枝状的六七根。

（不同角度地看）

细丝，这些细丝很像蜗牛的触角。细丝跟新叶子一样，也是嫩红的。

（想象地看）　　　　　（对比地看）

*逐句读感受。

*读中感悟作者"看"的方法。

*明确细致的观察能带给我们更丰富的信息和更生动的表达。

*带着这样的理解再自己读读。

（2）摸一摸（软硬、平滑还是粗糙等）

刚才我们充分运用了我们明亮的眼睛进行了观察，你还运用了什么不同的观察方法了吗？（板书：手——摸）谁用上了这种方式？你有什么发现？看来，触摸是另一个角度的观察。你还使用了什么不一样的观察方式吗？

（3）闻一闻（气味）

谁使用过这种观察方法？有什么发现？（板书：鼻——闻）虽然这是一种看不见、摸不着的观察方式，却让人印象深刻。

（4）尝一尝（味道）

还有别的观察方法吗？发现什么了？（板书：口——尝）

（5）听一听

在观察小动物时可以听它吃东西的声音、鸣叫的声音等。还有一种观察方式叫听一听。（板书：耳——听）

我们发现，观察不仅可以用眼睛。好比我们走进一间昏暗的房间，只有推开各个朝向的窗户，才会洒进更多灿烂的阳光。观察事物运用上身体更多的感官，你就会有更大的收获，这就是细致观察！

### （三）学习连续观察

1. 连续观察讲授

（1）小组交流

同学们，在具体的观察中你们有没有遇到什么困难或问题？请和同桌的小伙伴一起交流。如果你没有问题，就听听伙伴向你提出的问题。

（2）全班交流

说出问题。（板书：提出问题）

然后怎么想的？（板书：猜测）

接下来怎么做的？（板书：验证）

（3）小结

同学们，像这样在观察过程中提出困惑、大胆猜想进而用有效的方法去验证，而且间隔不同时间进行多次观察，我们称它为连续观察。

是你们总结出了这么科学有效的观察方法，你们太棒了！张老师为你们点赞！（板书：连续观察）

2. 出示课内资料，补充问题，体会什么是连续观察

你们知道吗？伟大的昆虫学家法布尔，在观察动物时跟你们的方法不谋而合呢！

• 　资料一：《蟋蟀的住宅》（出示PPT）

它的舒适的住宅是自己一点点儿挖掘的，从大厅一直到卧室。人们对它的劳动成果感到惊奇。

（1）指名读句子，找问题。

（2）体会作者法布尔的思考和提问。

你看到法布尔提出的问题了吗？（蟋蟀有特别好的工具吗？）他为什么有这样的疑问呢？（联系前句，结合学生已学过的内容体会法布尔当时的好奇心——想知道答案。）

（3）分析"没有"这一回答背后隐藏的探究过程。

从他果断的回答"没有"看出什么？肯定进行了更细致的观察并验证。

- 资料二：《爬山虎的脚》（出示PPT）

我只知道这种植物叫爬山虎，可不知道它怎么能爬。

指名读句子。

这句话什么意思呀？句子里暗含了叶圣陶爷爷提出的一个问题，你能把这句话用疑问句表达出来吗？（它是用什么办法爬上墙的呢？）

今年我注意到了，原来爬山虎是有脚的。

读读这句话，联系前文叶圣陶爷爷心中的问题，你有什么发现？

它是怎样用脚爬上墙的呢？

你是不是有了新问题？

爬山虎的脚触着墙的时候，六七根细丝的头上就变成小圆片，巴住墙……

（1）自己读句子。

（2）从这一答案中是否又引发了你继续观察的好奇心呢？你还想知道什么？（爬山虎的脚不触着墙的又会怎样呢？）

孩子们，你们发现了吗？连续观察是一个不断进行、循环往复的过程，在这其中更是与细致观察相伴而行，才使我们对周围的世界了解得更透彻。比如，从文中"今年"一词，你是不是就有发现？对，连续观察还有一个特点，就是时间上的连续。

**（四）总结收获**

同学们，热爱生活从有方法地观察生活开始，你会发现处处留心皆学问。（板书：处处留心皆学问）

观察对于我们的重要性，就像苏格兰作家史迈尔说的——对微小事物的仔细观察，就是事业、艺术、科学及生命各方面成功的秘诀。

**（五）布置作业**

根据自己的观察进度选择：完善已有的观察日记；继续展开连续观察，逐步完成观察日记。

# 五、教学反思

## （一）学习效果评价

1. 活动设计的有效性

学生能够通过以往的观察经历总结出"五感"的观察方法；能够学会细致观察和连续观察的方法。

2. 目标的引出

能结合自己的观察经验，发挥想象感受大作家们在观察时的认真严谨、不轻言放弃的科学精神，同时发现他们也是先发现问题—再提出猜想寻求答案—最后验证答案，自豪感油然而生。

3. 目标效果的达成

通过师生、生生的交流，和作家对话的形式，学生在积极向上的情感氛围中，培养面对困难的勇气，努力探究、坚持不懈的科学精神，形成乐观积极的心理品质。

## （二）反思总结

在"学会观察"一课的课堂中，我联系学生的前期观察实践，安排了对语文课文有关观察篇目的再次鉴赏。例如，学习"五感"中用眼睛看这部分内容时，我是这样设计的：结合课文，让学生进一步感受细致观察的魅力。通过读《爬山虎的脚》一文中的句子，感悟作者"看"的不同方式、不同内涵。明确细致的观察能带给我们更丰富的信息和更生动的表达。这样安排，融合了语文学科特有的对语言文字的品味与鉴赏，促使学生将生活实践和文本范例有机结合，使学生更易理解和运用，从而懂得描述所观察事物时，语言也要生动有美感，让学生最终落到笔头表达上。

我们在研讨中发现教学环节的设计一定不能违背学生的认知规律，学生一定是先有生活体验，才会感同身受。所以一定是学生分享自己观察中遇到的困难在前，感受作家们的观察过程在后。这个认知让我感受到课堂教学的过程，不是教师决定学生的学习步调，不是教师想怎样设计学生就要怎样跟从。我们一定得遵从学生的思维特点，爱护、尊重他们的好奇心，肯定他们的探索精神，帮助他们养成善于观察与思考的好习惯，这才是我们的育人理想。

反思这节课，语文学科的品读教学与园艺心理学对儿童心理建设的影响相融相促，给予了学生更大的启迪与收获。

# 观察蔬菜 ①

## 一、指导思想与理论依据

在语文观察日记教学中，往往学生亲眼所见、亲耳所闻、亲身所感写出的小文才生动、具体。而观察不仅是用眼看，还包括耳朵听、鼻子闻、舌头尝、身体触。这"五感"，也就是人的五种感觉器官：视觉、听觉、嗅觉、味觉、触觉。在课堂教学中，充分调动"五感"，学生以小组为单位，通过看、听、闻、尝、摸手中的蔬菜实物，帮助学生依次学会用"字、词、句、段"层层递进地将自己的亲身体验和感受说出来，再将之转化为语言文字写出来。学生在提升观察能力的同时，还提升了表达能力，并通过感受情绪的变化，加强了与自然的联结，激发了对大自然的热爱和憧憬。

## 二、学情分析

学生认识很多种蔬菜，也能够描述蔬菜的一些特征，但大多是蔬菜的颜色、大小或者是蔬菜本身很明显的特征，不能从看、摸、闻、尝、听等不同感官整体描述一种蔬菜。

## 三、教学目标

• 在教师的引导下，学生能够综合运用多种感官进行观察，并能描述蔬菜的大小、颜色、表面粗糙程度、形状等特征。

---

① 授课年级：一、二年级；授课教师：丁笑迎。

- 学生能够对常见物质的外在特征有观察、探究的兴趣，并能提出相关问题。
- 通过学习过程中的师生、生生互动，提高学生的语言表达能力，并做简单记录。

## 四、教学准备

枯树枝，每人一根，大概 30 根；各种颜色的超轻黏土；每组一盒彩笔，每人一支削好的铅笔；每人一份学案。

## 五、教学过程

### （一）谈话导入

今天，我们这节课的内容与食物有关，而且它们多数是绿色的，你猜是什么？（板书：观察蔬菜）

【设计意图】引发学生的学习兴趣。

### （二）初识"五感"——蒜

- 出示装蒜的盒子。
- 同学们，丁老师也给大家带来了一种蔬菜，想知道是什么吗？我们一起来猜猜看。

丁老师给大家准备了几条关于它的特点信息，谁愿意上来了解一下？

（a. 它是一瓣一瓣的；b. 它是白色的；c. 它是硬的；d. 它是辣的；e. 它外面有皮；f. 它有气味）

（指名读）你说我们怎样可以发现这条特点呢？（指名答）

（板书：眼看；手摸；鼻闻；嘴尝）

指名猜出谜底。

小结：通过观察我们发现，蒜这种蔬菜有两种不同的样子（出示整头蒜和分瓣蒜），聚拢在一起时是这样圆滚滚的一整头；剥去外皮后就变成一个个又白又胖的小蒜瓣了，真有趣！其实很多种蔬菜都是这样的，完整的和其中的一部分样子完全不一样。

【设计意图】引发学生观察、探究常见蔬菜外在特征的兴趣。

### （三）深化"五感"——苦瓜

· （出示课件：苦瓜）你对这种蔬菜有什么了解？请组长拿出学习单，写下你对苦瓜的了解吧。苦瓜还有没有其他特点呢？接下来就让我们运用观察方法来观察它吧。

· 出示活动规则

（1）首先让我们用湿纸巾清洁小手。

（2）然后请组长从桌子里取出装有苦瓜的袋子，并拿出完整的那根苦瓜，再把另外两段短一些的苦瓜分给组员。

· 教师引导观察

（1）你看到了什么？指名答。（板书：眼看，颜色、大小、长短）

（2）现在请你把苦瓜握在手里，闭上眼睛，用手摸一摸，你有什么新发现？

（预设：有弹性，中间粗两边细，有籽，切的两面是平的）

（3）你想继续用剩下的两种方法再接着观察手里的苦瓜吗？

· 学生活动

（1）观察苦瓜特点并全班交流。

通过观察，你准备接下来怎样继续介绍手中苦瓜呢？

指名进行观察交流，其余同学评价补充。苦瓜虽然没有特别明显的气味，但是很多蔬菜却都可以通过用鼻子闻气味来辨别和判断。

完成板书：

眼看　颜色　形状　长短

手摸　软硬　光滑　凹凸

鼻闻　气味

嘴尝　味道

（2）小结

出示课件：

眼看　绿色　长圆形　中等长短

手摸　有弹性　光滑　不平

鼻闻　没有明显气味

嘴尝　苦

通过运用多种观察方法，我们把苦瓜介绍得更形象、更完整了。

【设计意图】引导学生综合运用多种感官进行观察，并能够对蔬菜的特征进行描述。

### （四）游戏练习——蔬菜王国大冒险

• 　出示闯关规则

（1）组长负责打开盒盖。

（2）认真观察盒子里的蔬菜。

（3）将观察到的蔬菜特点用几个词语记录在学习单上，并根据记录描述蔬菜特点。

（4）看谁观察得最认真、描述得最详细，让大家一听就知道你们组盒子里是什么蔬菜。

• 　小组活动（时间5分钟，3分钟时提醒）

• 　全班交流

（1）指名一组同学依据学习单描述蔬菜。

（2）选择同一种蔬菜的小组评价补充。

（3）（其余同学依据描述猜出蔬菜名称）你根据哪条信息判断出来的？

（出示课件：一枚金牌）

【设计意图】尝试运用多种感官观察法。

### （五）运用"五感"——学习表达

介绍我的蔬菜朋友——圆白菜。

同学们认识这位蔬菜朋友吗？丁老师把我们的这位朋友也带来了（出示整个圆白菜实物），快和它打个招呼。调皮的圆白菜把自己变成了不同的样子藏在这些盒子里，我们请各位组长来选择盒子吧。规则很重要，学会听也是一种能力，请大家认真听要求。

• 　教师口述观察要求

（1）组长负责打开盒盖。

（2）认真观察盒子里的蔬菜。

（3）将观察到的圆白菜的特点用一句话表达出来。

· 指名学生从不同方面描述圆白菜。

· 教师汇总以上信息成文（学习单），学生自读，出示小文章课件。

· 在文章中你发现了哪些"器官朋友"参与了观察？请你在文章中圈画出来。

· 在日常生活中我们其实还有一种观察方法，你知道是什么吗？就是用我们的小耳朵去听声音（板书：耳听，声音）。指名晃动圆白菜听声音。

当你把它贴近耳朵晃动时，会听到有轻微的叶片摩擦声，但我们这棵圆白菜没有发出这种声音，主要是因为它每一片叶片都包裹得太紧，叶片与叶片之间没有距离，没办法摩擦，所以当然就听不到声音了。（出示课件：两枚金牌）

【设计意图】通过互动提高学生的表达能力。

#### （六）课堂总结，布置作业

· 课堂总结——奖励关卡

这节课上到现在，你想用什么词语来形容自己现在的心情？（指名答）

孩子们，你们知道吗？刚才在大家观察蔬菜的时候，丁老师也在观察着你们。想听听我的观察结果吗？

（点击课件：眼、鼻、手、口、耳）我看到了大家认真的眼神；听到了你们热烈讨论的声音；还发现了一张张有时紧皱眉头、有时又眉开眼笑的小脸儿；丁老师猜你现在对蔬菜朋友们一定更了解了！

丁老师想把最后这枚闯关金牌奖励给"青草班"所有用心观察（出示PPT心形）、喜爱蔬菜的小勇士！（出示课件：三枚金牌）（点击课件出奖杯）

· 作业设计——神秘任务

在下课之前想留给大家一项神秘任务（点击课件：神秘任务），各位小勇士你愿意接受吗？

（出示课件）选择一位蔬菜朋友，运用课上学习的观察方法用心观察它，然后把观察到的特征写在"写话本"上，并写清选择介绍这位蔬菜朋友的原因。

### （七）板书设计

## 观察蔬菜

眼看　颜色　形状　长短

手摸　软硬　光滑　凹凸

鼻闻　气味

嘴尝　味道

耳听　声音

# 六、教学反思

最深的体验来源于生活，最直观的感受来源于"五感"，充分调动"五感"让学生把自己的观察日记写好、写活。整节课层次清楚，从易到难，逐步解决了教学重点，学生在愉悦中完成了之前最发愁的写作任务。

例如，观察蔬菜的颜色、形状、大小，"看"使学生产生丰富的联想，笔下的文字更加精彩。

又如，在课堂上使用的蔬菜实物，让学生亲口尝尝，对绝大多数孩子来说这样的经历是第一次，因此极大地激发了他们的兴趣。孩子们不仅品尝得津津有味，而且说出了蔬菜的色、香、味，每个学生的体验各不相同，写出的内容也更加丰满。

当然，"观察蔬菜"这节课在许多方面也还有所欠缺，例如，如果把活动中的"游戏练习——通过描述猜蔬菜"环节和之前"深化五感——观察苦瓜"环节整合，可能会大大提高课堂效率。在接下来的尝试操作中将会继续调整，更加细致、更加全面地设计整节课。

# 我的植物朋友 ①

## 一、指导思想与理论依据

中小学心理健康教育是提高中小学生心理健康素质、促进其身心健康和谐发展的教育。中小学生正处在身心健康发展的重要时期，随着生理、心理的发育和发展、社会阅历的扩展及思维方式的变化，特别是面对社会竞争的压力，他们在学习、生活、自我意识、情绪调适、人际交往和升学就业等方面，会遇到各种各样的心理困扰或问题。因此，在中小学开展心理健康教育，是学生身心健康成长的需要，是全面推进素质教育的必然要求。

开展中小学心理健康教育，以学生发展为根本，遵循学生身心发展规律，坚持科学性与实效性相结合，坚持学科融合，使学生学会学习和生活，正确认识自我，提高自主自助和自我教育能力，增强调控情绪、承受挫折、适应环境的能力，培养学生健全的人格和良好的个性心理品质；对有心理困扰或心理问题的学生，进行科学有效的心理辅导，及时给予必要的危机干预。将语文教学与园艺心理课相结合，在欣赏花草的过程中，放松心情；在与植物为友的过程中，舒缓情绪。看一看、摸一摸、闻一闻等体验方式，带给学生情感体验，自我领悟、自我成长。

## 二、学情分析

本单元的习作话题是"我的植物朋友"，要求学生选择自己喜欢的一种植物进行观察，并借助记录卡，把自己观察到的和感受到的写下来。三年级正是写作的起步阶段，在激发学生写作兴趣的同时，还要求学生写出植物的特

---

① 授课年级：三、四年级；授课教师：柯凤文。

点，更要写出对植物的情感。通过与植物交朋友，促进学生心理健康发展。

## 三、教学目标

- 观察一种自己喜欢的植物，从植物的名称、样子、颜色、气味等方面记录，学习制作记录卡。
- 借助记录卡，写清楚植物的样子、颜色、气味等，并写出自己的感受。
- 通过观察植物，与植物为友，舒缓情绪，心态平和。
- 写自己想说的话，积极参加讨论，愿意与他人分享，增强表达的自信心。

## 四、教学准备

资料类：PPT、词条贴纸。

学案类：学习单。

学具类：彩笔。

## 五、教学过程

### （一）谈话导入，揭题解题

同学们，世界因为有了绿色的植物才变得生机勃勃；如果没有植物，我们的地球将变得一片荒凉，所以我们要爱护植物，珍惜植物给我们带来的美好生活。可是，我们怎样才能做到爱护植物呢？要爱护它，首先我们必须了解它、认识它，只有这样，我们才知道怎样爱护它，才不会做错事伤害它。如果我们把自己了解和认识的植物写成文章，让看了文章的人也了解和认识它们，那么，我们就为环保和绿化做出了自己的贡献，同时，我们也和植物成了要好的朋友。这节课，我们就来学习怎样来写植物的文章。

【设计意图】从富有激情的谈话导入，从而激发学生热爱植物的感情，进而激发想了解植物的好奇心。

**（二）出示植物的图片**

教师出示玉兰花、桃花、丁香花、海棠花图片，引导学生观察。

提问：这些花你都认识吗？说一说你都喜欢哪些花？

【设计意图】出示各种漂亮植物的图片，充分调动学生学习的积极性。

**（三）观察植物朋友，制作植物记录卡**

1. 和植物交朋友

我们可以观察到植物的什么呢？（样子、颜色、气味等）

你通过什么方式观察到的呢？（可以用眼睛看、用手摸、用鼻子闻等）

2. 制作观察记录卡

为了把观察到的植物的情况一一记录下来，我们可以为植物朋友制作观察记录卡。

（1）出示观察记录卡。

（2）从这张记录卡上可以了解到哪些关于桃花的信息？这些信息是如何获取到的？（用眼睛看、用手摸、用鼻子闻、查阅资料等）

【设计意图】引导学生掌握观察的方法，激发想了解植物的好奇心和观察的兴趣，再配以教材中给的记录卡模板，指导学生学习制作植物记录卡。

3. 学生自己制作并展示喜欢的植物记录卡

（1）校园里实地观察植物，做观察记录卡。（课前也可收集所观察植物的资料，做初步的了解）

（2）小组内介绍。

（3）选出小组内介绍得好的同学，在全班进行交流。

【设计意图】这个环节是学生预习环节的延续，在老师的要求下，课前从多角度观察植物并做好观察记录卡，有利于培养学生自主学习的能力，锻炼从多角度观察事物的能力。

**（四）写作方法指导**

1. 写好植物的形态

抓住不同植物的特点，有目的地描写。如植物开花时的姿态、颜色、花期；植物叶子在不同时间、不同季节的变化。总之，要抓住所写植物与其他植物的不同之处。

【设计意图】自然界的植物千差万别，只有抓住植物的特点进行描写，才能将植物写生动。

2. 按照一定的顺序写

一般来讲，写植物的顺序有两种：一是按茎、叶、花、果的顺序；二是按生长顺序。

【设计意图】这样可使文章的条理清楚、层次分明。

3. 恰当地运用写作方法

（1）对比法。例如：在这千姿百态的植物世界里，我喜爱的既不是花中之王牡丹，也不是娇艳欲滴的玫瑰，而是可治百病的芦荟。

（2）比喻法。例如：万寿菊有的是未开的青色的花骨朵，远远望去像一个个小小的话筒，竖在枝头；有的已经全开了，花瓣一层又一层，密密地重叠在一起，像一个淡黄色的绣球。

（3）拟人法。例如：到了夏天，石榴树郁郁葱葱的绿叶中便开出一朵朵火红的石榴花。花越开越密，越开越盛，不久便挂满了枝头。走近看，仿佛是一个个活泼的小喇叭，正鼓着劲儿在吹呢。

（4）衬托法。芦荟不像牡丹那样艳压群芳，也不像文竹那样温文尔雅，更不像玫瑰那样馨香四溢。但是，它的朴实无华和默默为人奉献的内涵深深打动了我的心。

（5）远近结合法

同一棵植物，远看和近看是不一样的。

近看：盛开的菊花真是漂亮，花朵极大，像个大绣球。淡黄色的花瓣，一丝一丝的，菊瓣弯曲带钩，中间金黄的花蕊像一个小太阳，菊花的茎都非常挺直。

远看：

a. 远远望去，许多串红连成一片，红得耀眼，真像燃烧的火苗，漂亮极了。

b. 我家养了一盆吊兰。远看，她犹如一位眉清目秀、亭亭玉立的少女，尽显自己的风采。

【设计意图】恰当地运用各种方法来描写植物，可使植物更形象、生动，语言更加鲜明活泼。

（6）通过联想抒发感情

写植物可进行联想，抒发自己的个人感受。如写梅花不怕风雪的特点时，可联想到人的坚韧不拔的性格；写白杨的挺拔高大，可联想人的奋发向上的精神。表达自己对植物的喜爱之情。

【设计意图】将描写植物和个人感受相结合，表达自己对植物的喜爱之情，使自己的情绪得到舒缓。

（五）尝试写作

学生自由写作之后交流。

【设计意图】将观察植物的感受写下来，写自己想说的话，积极参加讨论，愿意与他人分享，增强表达的自信心。

# 六、教学反思

在各学科教学中遵循心理健康教育的规律，将适合学生特点的心理健康教育内容有机渗透到日常教育教学活动中，将心理健康教育始终贯穿教育教学全过程。本节课与园艺心理课相结合，学生通过观察植物、制作记录卡、与植物交朋友，在写作中融入自己的感受和联想，并表达出来。观察植物朋友的时候你会联想到什么，或者你和植物朋友之间发生过什么有趣的故事，也可以把自己融入植物朋友当中，表达出自己对植物朋友的喜爱之情，同时抒发情感、调节情绪。

写作能力的培养，离不开心理教育课程中的智能和创造性训练，即观察力、记忆力、想象力、创造力的培养。而学生"良好的个性"和"健全的人格"正符合心理健康教育的终极目标。作文教学是运用语言文字进行表达和交流的重要方式。作文教学与园艺心理相结合，是学生认识世界、认识自我、进行创造性表述的过程，是客观生活在作者头脑中的反映。"言为心声"，是小作者心理的"反光镜"。这不仅提高学生语文素养，而且潜移默化地促进学生心理健康成长。以活动为主开展心理健康教育，增强了课堂实效性和学习吸引力，使学生既能在知识上有所得，也在心育上有所收获，同时开发学生的心理潜能，提高学生的心理健康水平。

# 探索我的资源世界 [①]

## 一、指导思想与理论依据

樊富珉、徐凯文提出心理资源：内在资源即为自己，通过唤醒内在自我，以自身力量帮助和治愈自己；外在资源即每个人的社会支持系统，熟悉的所有人都可假设为可能帮助解决问题的资源。[②]《中小学心理健康教育指导纲要（2012年修订）》中指出，使学生正确认识自我，提高自主自助能力。通过学习心理资源，了解自我，不仅是对生命的探索，也是解决问题的一种方式。

园艺活动能够促使参与者获得情绪感受、社交关系、认知能力等多方面效益。课上让学生通过观看视频、用肢体表达、扮演小树等方式，与自然产生联结。

皮亚杰将儿童智力发展划分为四个阶段，其中7～11岁为具体运算阶段，这个时期的儿童已经具有了明显的符号性和逻辑性，儿童能进行简单的逻辑推演，克服了思维的自我中心性；但这一阶段儿童的思维活动仍局限于具体的事物及日常经验，缺乏抽象思维。因此，在生命教育为主题的心理健康课上，应让学生以体验为主，角色扮演对于五年级的小学生是非常合适的。

## 二、学情分析

五年级的学生在生命探索方面已经有了初步的自我认知，可以进一步对内在资源和外在资源进行探索。后疫情时期，学生在了解自己心理资源的同

---

① 授课对象：五年级；授课形式：双师课堂；授课教师：耿小洁、尤佩娜。
② 樊富珉、徐凯文："危机干预的技术规范与示范"，张亚林、曹玉萍主编：《心理咨询与心理治疗技术操作规范》，北京：科学出版社2014年版。

时，也在探索生命的成长与意义。

## 三、教学目标

· 了解内在与外在资源的含义和在生命成长中的价值，知道在遇到困难的时候可以去调动、挖掘自己的资源。

· 初步探索自己的内在与外在资源，尝试通过调动资源去解决问题、克服困难。

· 感受资源带给自己的支持和力量，愿意更深一层地对资源进行探索和挖掘。

## 四、教学准备

PPT、视频（2个）学案、classin软硬件、板书。

## 五、教学过程

### （一）感受成长

1. 导入

通过观看树的成长视频，引导学生感受生命的成长，初步建立与树的联结。

2. 热身活动

"如果我是一棵树"身体雕塑，了解学生对树的感受。

结合视频进行提问：你最喜欢树在成长中什么时候的样子？引导学生用一个肢体动作进行表达。

学生分享感受，引导学生互动，引出主题。

【设计意图】引导学生通过视频和肢体表达，快速进入课堂，和树建立联结，感悟生命的成长，激发探索自我的兴趣，为之后的角色扮演做准备。两个班的学生通过互动建立关系，为之后的学习、分享打基础。

## （二）认识资源

**1. 引导学生跟随着故事，做角色扮演**

通过角色扮演和观察，初步感受成长过程中需要的资源。

指导语：每位同学都是一棵小树苗，请大家跟着老师讲的故事做出相应的动作。尽量让自己变成小树苗，感受成长经历，看看会有怎样的发现。

**2. 引导学生探索小树苗的内在与外在资源分别是什么**

尝试去总结小树苗所经历的事情与困难，探索小树苗是如何长大的。

指导语：故事结束了，请大家睁开眼睛，坐下来。回想一下，小树苗成长为一棵大树，都经历了什么？

追问：那小树苗经历了这么多，还遇到了这么多困难，它又是怎么长大的呢？

小树苗长大需要靠自己的努力去生根、发芽，也需要外界的阳光照耀、雨水滋润。对于树木来说，植物本身生长的力量就是内在资源；可以支持植物更好生长的外部力量，就是外在资源。

教师Y：只有当两种资源同时发挥作用的时候，植物才能苗壮长大。

教师Y：我们的同学有补充的吗？大家也可以说一说你认为小树苗在成长的过程中可能还希望得到哪些外在的帮助？

学生相互补充。

在学生发言的过程中，将资源进行内在、外在资源的分类（大屏板书）。

【设计意图】学生通过扮演树，初步认识和探索树的内在资源和外在资源。

## （三）探索资源

**1. 我的资源学习单**

教师结合小树成长过程类比学生个人成长过程，引入个人探索，完成学习单。

第一，明确活动要求。

首先，请你在学习单中间的镜子里画一个小图标代表自己，可以是一个物品的图形，也可以是一株植物或一个小动物，还可以是你喜欢的一项运动，只要你认为它能够代表你就可以!

画完之后,请大家结合自己的思考,把你的内外资源写在学习单上,可以用文字也可以用简笔画,如果在写的过程中有问题,请举手示意。(5分钟计时开始)

第二,教师拍照上传,学生分享。

第三,小组讨论,补充学习单。

教师 Y 追问:这几位同学的分享给了我们一些思考,接下来请大家在小组内讨论:看一看,大家的资源都有哪些吧。

总结:内外资源是会变化的,伴随着我们的成长,这些资源可能会越来越多,而我们可能也会成为他人的资源。比如,刚才这位同学就从同学那里找到了新的资源(可以结合学生回答加以具体化)。

2. 引导学生思考资源的作用与意义

教师 G:谁能说一说内外资源在我们成长中的作用与意义呢?它又有怎样的价值呢?

【设计意图】引导学生思考自己的内外资源都有哪些,尝试画出自己的资源世界。

### (四)总结提升

我们的成长旅程还很长,可能会面临很多挑战,老师希望无论面对怎样的境遇,我们都能够及时调动各种内外资源,挖掘新的资源,把更多的外在资源转化为内在资源,也把自己的资源传递给别人。

【设计意图】总结本节课内容,再次认识自己的资源,并学会调动、挖掘与转化,让资源为成长助力。

## 六、教学反思

### (一)课程形式新探索——双师课堂

本课作为双师课堂,是心理课程的全新探索与尝试,心理课程的体验性、真实性、活动性等特点对双师课堂是一种挑战,但是本次尝试我们发现:双师课堂让我们突破了空间限制,课堂中有更多的"不同",是两个动力场,给参与的师生们提供了更丰富的体验与更开阔的思路；同时也并没有削减心理课堂的体验性与真实性，因此是一个较大的突破。

## （二）课程设计亮点

### 1. 探索生命教育角度新颖

从心理资源的角度，让学生去认识自我、探索生命，为后疫情时期学生如何从困境中走出来，给予了很大的启发。

### 2. 内容由浅入深，角色扮演增加学生的体验感

整节课从肢体表达到角色扮演，从了解一棵树开始，环节层层递进，学生在与自然的联结中不仅感受到了生命的成长，同时也很好地完成了对自己的探索。

### 3. 探索资源是明线，危机预防为暗线

面对自伤自杀越来越低龄化，如何让学生学习自救是生命教育需要探索的。本节课一个隐形的目标就是希望学生可以通过学习，了解心理资源都有哪些，在未来生活中可以多一种解决问题的方法。

## （三）后续改进

本节课在引导学生去尝试挖掘更多更新的资源这一内容上探索不够充分，应该让学生多去尝试并总结方法，在后续的课堂上对此内容进行了补充。

# 共护校园氧气林 ①

## 一、指导思想与理论依据

杜威的教育即生活理论认为教育不仅是学习的过程，更是生活的过程，教育本身就是一种生活，是为了让学生更好地适应未来生活。我们在开展教育时，要重视教育与生活的关系，将二者统一起来将会有更好的教育效果。本课从学生的生活实际出发，将植物养护与教育相结合，引导学生感受植物文化内涵，养成呵护植物的好习惯，传承民族精神。

同时，杜威还强调教育的实践性，要从学生的生活经验和个体发展需求出发，激发学生参与活动的主观能动性，在生活实践中获得教育。本课从学生熟悉的校园植物和植物养护经验出发，鼓励学生分享和植物有关的知识和经验等，激发学生间的交流互动，并通过制作功能各异的养护牌，在实践中激发学生保护植物的意愿。

园艺疗法格外强调园艺植物对于个人精神生命的积极作用，通过接触自然植物可以获得积极的情绪状态，在参与园艺活动的过程中可以培养人的耐心、注意力、自信心等。本课从了解校园植物出发，学生分享植物带给自己的快乐回忆，身心更加愉悦，同时在呵护植物成长的过程中，更加富有爱心同情心，获得更好的生命体验。

## 二、学情分析

四年级是学生成长的关键期，也是学生从低年级向高年级的过渡期。这

---

① 授课年级：四年级；授课教师：闫仕豪。

一阶段学生由具象思维向抽象思维过渡，学习思考能力更强，可以进行更为复杂的活动。同时学生的自主能力也得到充分发展，能够有自己的想法和思考，并可以更好地与人合作，这些都为学生参与实践活动打下良好基础。四年级学生可以在成人的指导下，进行更为丰富的自主实践活动，如活动设计、活动实施、活动交流等。

四年级也是学生行为习惯养成的关键时期，特别是学生已有的好习惯可以进一步得到强化。借此机会展开养护活动，可以更好地强化学生保护植物、保护自然的意识，养成良好习惯。四年级学生已经初步具备爱护环境的良好意识，但保护环境、爱护花草树木的具体原因和实际做法还不太明确。

特此开展此次活动，以明确花草树木的好处与作用以及背后的文化内涵，让学生触摸植物，感受自然，身体力行地制作养护牌，自觉践行养护植物的好品行。

## 三、教学目标

- 学生通过视频回忆与植物在一起时的快乐情景，感受植物为校园发挥的作用。
- 分享学习植物知识，引发关于植物的联想与思考；通过教师分享，深入体会植物的文化内涵，感受学校选择种植这些植物背后所蕴含的意义、校园历史与中医药的文化传承，以及民族精神的内涵。
- 激发学生保护植物的意愿，制作形式多样、功能各异的养护牌。

## 四、教学准备

学生：选择校园中自己最喜欢的一株植物，完成学习单。

教师：补充资料。

设备：电脑、实物投影。

## 五、教学过程

### （一）发现植物作用

金秋十月，老师和同学们一起畅游了校园，和植物在一起开心玩耍，现在让我们通过一个视频，再来重温一下那美好的回忆吧！

【设计意图】学生通过视频回忆与植物在一起时的快乐情景，感受植物为校园发挥的作用——愉悦心情、美化环境、制造氧气。发掘和提高学生的审美鉴赏能力。

### （二）交流植物知识

植物的作用那么多、那么美好，你也在校园中找到了你最喜欢的那棵植物。我们就结合你手中的学习单，和大家分享下你最喜欢的植物吧！

交流学习单：绿色农艺园，一米菜园，银杏大道，操场花坛。

【设计意图】分享学习到的植物知识，引发关于植物的联想与思考。学会分享收获，联系生活实际，热爱生活。

### （三）体会植物文化

播放音频，了解植物文化。

（1）苔花如米小，也学牡丹开。虽然它们随处可见，却也毫不吝啬地释放着自己的价值，为人们祛病止痛。

（2）桃李不言，下自成蹊。这些植物，就像师者、长辈，默默为大家遮阳避雨，却从来不求回报。也许，植物在太阳下的暴晒，就是为了能让大家呼吸一口新鲜的空气。

（3）一棵棵紫藤，把校园、老师、学生的心牢牢锁住，斑驳的枝条无声地记录着师生的思念与回忆。紫藤用它那粗壮的藤蔓把学校的历史，娓娓地传承下去。

（4）银杏树们也是这么觉得，陪伴是最深情的告白，也许等你们毕业后，回来再看到这些高大的银杏树，会不禁回忆起自己与小伙伴在大树陪伴下共同成长的经历。

这些植物，无声地传递着丰富多彩的文化内涵，让我们怎能不爱它们？

【设计意图】通过教师分享，深入体会植物的文化内涵，感受学校选择种植这些植物背后所蕴含的意义。

### （四）制作植物养护牌

它们已经融入校园，成为我们校园美丽的植物名片。

那我们能为这些植物做些什么呢？（制作植物养护牌）

- 观察养护牌

（1）通过观察这些养护牌，你都发现了什么？

（2）这些植物养护牌只是普通的养护牌，如果在养护牌上再加上我们联想到的诗歌或者文化内涵，养护牌就更加暖心了。

- 动手制作
- 交流养护牌的制作心得
- 修改养护牌
- 小结、布置作业

【设计意图】激发学生保护校园植物的意愿，增强绿色校园的意识。制作形式多样、功能各异的养护牌。

## 六、教学反思

在本次活动中，学生在参与各个环节时，不同的能力和品质都得到了相应发展，所取得的效果如下：在导入环节，学生通过回忆美好的校园活动，发现校园生活中身边的美好，感受植物带来的快乐回忆，进而发掘和提高学生的审美鉴赏能力；在交流环节，学生通过交流学习单，在自主交流中学会分享收获，联系生活实际，热爱生活；在师生分享环节，学生由植物引发思考，更能体会植物种植背后的文化内涵；最后通过制作养护牌，提高学生保护校园植物、护好绿色校园的意识。

# Dragon Boat Festival（端午节）①

## 一、指导思想与理论依据

园艺心理活动能帮助学生提高认知、激发学习兴趣、促进交流并增强学习效能。在"五感"体验与动作体验交互作用的过程中，学生与植物的联结不断加深。插艾草、挂香袋等相关的端午传统习俗会给学生带来真切的情感体验，并感知自己的劳动成果带来的欢愉，特别是学困生消除英语学习挫折体验、促进心理健康，正是引导学生理解端午节主题的良好契机。

本节课是北京版小学英语四年级第二学期第 5 单元第 3 课关于端午节的教学内容。园艺心理与本课内容的融合是中国优秀传统文化的再创新，是中国价值的具体呈现，也是文化自信的现实体现。

## 二、学情分析

### （一）自然情况

本课内容是关于中国的传统节日 Dragon Boat Festival（端午节），学生对端午习俗了解最多的是吃粽子和赛龙舟，知道屈原，但学生不了解更多的习俗和寓意，也没有学习过有关习俗的英文表达。

### （二）困难及对策

通过前期交流访谈，学生普遍对端午节的了解仅限于吃粽子和赛龙舟，兴趣度不高。本课设计符合学生的年龄特点和身心需要，试图通过多种活动

---

① 授课年级：四年级；授课教师：金琳。

方式，给学生带来喜悦体验，引导学生认识端午节习俗的多样性，之后对节日有更多的期待，学生结合已知已学串联，形成语言储备并进行表达，并以此提高学生的综合语言运用能力，提升学生的综合人文素养，最终达到英语学科的育人目标。

## 三、教学目标

· 插艾草、挂香袋，进一步体验端午节传统习俗。在活动中，与伙伴们分享制作体验，分享自己的成果，实现了"用英语"做事情，同时打破人际交往的障碍，提升了沟通能力。

· 学生能够在问答中国传统节日与习俗的情景中运用 have Dragon Boat races、eat zongzi、hang wormwood on the door、wear medicine bags，描述端午节的基本信息。在特定的情景中进行交流，积极参加讨论，对感兴趣的话题发表意见。

· 学生进一步了解屈原的事迹以及相关的民俗文化，激发其爱国之情。

## 四、教学准备

课件、词汇卡片、图片、学习单。

## 五、教学过程

Dragon Boat Festival

### （一）Warming up

Free talk

Brainstorm

【设计意图】依托头脑风暴帮助学生初步感知端午节内容、提供语言支持并构建思维导图雏形，便于后续活动开展与保持学生注意力。

## （二）Presentation

Find elements about Dragon Boat Festival from the poem and then circle them.

Teach the new words or phrases.

Step 1：Look at the plants.

Step 2：Try to find the words from the list.

Watch a video and check in pairs.

Read a passage about Qu Yuan.

【设计意图】学生在中国古诗词中寻找端午元素，通过实物感知语言并与植物建立良好的关系。学生对 mug wort、calamus 等产生情感，在对大自然探索中潜移默化地增强他们的认知能力，增强对端午节的认同。

## （三）Practice

Let's make perfumed medicine bags.

Try to describe perfumed medicine bags in groups.

Let's think and talk.

　　Question：*What do people often do on Dragon Boat Festival?*

Complete the mind map.

【设计意图】以教学为契机，学生制作并悬挂香袋。学生在与植物的进一步接触中，将人文绿色理念根植于心中。通过体验与实践，促进学生从无知到理解、从被动到主动，愿意与同伴交流，乐于表达自己的观点，完善思维导图内容。

## （四）Production

Write sentences on the paper leaves.

Look at the mind map and then try to talk about Dragon Boat Festival.

【设计意图】在产出部分，学生把端午节句子写在艾草纸叶子上，并把它送给同学后进行交流。学生在感受自然乐趣中增进交流，树立自信心。学生根据思维导图，介绍端午节。

## 六、教学反思

### （一）学习效果评价

活动设计的有效性：学生享受分享的乐趣，充分发挥了园艺的社交功能。

插艾草、挂香袋的趣味活动为学生提供更多的学习机会，增加学生的自我体验，促进学生自我意识的发展。

学生巧借植物与大自然的力量，产生共鸣，促进交流，提高语言表达能力和社交能力，更加有信心面对未来的生活与学习。

目标效果的达成：缓解学习焦虑，用积极心态开发自己的语言潜能。

端午节相关词汇不常见，会给学生带来一定压力。在园艺的世界里，学生的学习焦虑有所缓解，更易获得成就感，有助于提升自信心。

### （二）增强了个体积极性与课堂活力

学生能感知到自己的劳动成果和由此带来的欢乐，增强实用性，注重体验式学习，刺激多种感官，营造了人与自然的亲密感，消除英语学习的挫折感，促进心理健康。

小学生的知识、技能、思维、精细动作水平尚处于发展过程中，英语学科与园艺心理的融合能够为其提供较好的成长环境。教学不再仅是立足于学科知识，更重要的是培养学生具备能够适应终身发展和社会发展需要的必备品格和关键能力。

# 第二章

# 以植物栽培为载体的园艺心理课程

# 我和水培植物交朋友 ①

## 一、指导思想与理论依据

无土栽培作为一种新型的栽培技术，包含了气雾式培养、水培（深液流培养、浅液流培养）、基质培（有机基质、无机基质、混合基质）。其中水培是我们常见的无土栽培方式，且有非常系统的分类。

通过创造真实的情境，引导孩子们进行知识学习。本单元课程通过水培植物这一真实情境，带领学生观察水培植物的成长历程，感悟自身的情绪体验，进而体验成长、学会情绪管理。

## 二、学情分析

学生对无土栽培植物的了解比较少，大多停留在水培上，因此深入了解无土栽培是本节课的教学难点，而如何更好地水培则是本节课的教学重点。水培过程中会产生很多真实的情绪体验，由于孩子们前期接触到的情绪辅导并不系统，尤其是随着青春期的到来，引导孩子们在真实情境中更好地面对自己的情绪变化、面对自己的成长，都是心理健康教育的重要主题。基于此，我们展开了本节课的设计，旨在将水培植物融入心理辅导中。通过陪伴、观察植物生长的过程，记录自己的情绪状态，并由此展开具有针对性的心理辅导，促进学生身心健康发展。

---

① 授课年级：五、六年级；授课教师（第一课时）：尤佩娜、杨红；授课教师（第二课时）：谷思艺、杨红。

## 三、教学目标

- 能掌握水培技术，并在水培植物过程中相互帮助，完成水培任务。
- 能够发现水培结果的多种可能性，以及过程中带来的个人情绪变化，并积极接纳。
- 学会记录植物的生长状况，同时记录个人的心理变化。

## 四、教学准备

白菜根、萝卜根、胡萝卜根等，水培容器，相关用具。

## 五、教学过程

### 第一课时　我与水培植物交朋友

**（一）导入**

请学生看 3 月的日历，有哪些节气？（比如惊蛰）知道惊蛰是什么意思吗？万物复苏，又到了春暖花开的季节了。春天都有哪些开花的植物？（学生回答）老师也有特喜欢的花（出示白菜花的图片）。这是什么花？知道怎么种的吗？（出示课题：和水培植物交朋友）

**（二）了解水培**

问题引入：水培有什么优点？了解水培方法，动手操作。

- 大家在水培植物之前都做了哪些准备？
- 请你观察这些好朋友，有什么不同？

（外面的叶子需要剥去，切掉利于生长；根是否健壮）

- 好朋友还需要一个舒适的家，你怎样帮助它？
- 同学们做得真不错，给大家欣赏一下吧。
- 真漂亮，要是让它长大开花还需要哪些条件呢？

• 同学们说得真好！除了这些你知道还有什么因素可能会影响植物的生长？

### （三）换位思考

还有什么因素会影响植物的生长呢？咱们一起来感受一下吧。

活动要求：两人一组，一个扮演植物，一个扮演园丁。

园丁想一下，你可以用什么样的方式，让你面前的植物有完全不同的感受？

【设计意图】换位思考心理因素可能对植物的影响。

### （四）感受植物对我们情绪的影响

这和心情有什么关系呢？咱们一起来体验一下。

• 感受一下，你的心情。

• 全体起立，我们去对面的植物栽培室，感受一下。

• 找到一株你喜欢的植物，仔细观察，心中默默地对它说一句话，并告诉它你现在的心情。

• 回到教室，感受刚才的心情变化，记录自己对植物说的话。

【设计意图】感受植物对个体情绪的影响。

### （五）活动：我是预言家

接下来我们就想一想自己水培的花，会给我们带来什么心情呢？

请同学们说说自己的预测，并说明原因。（张贴到黑板上）

学生写下自己预想到的心情，大组分享，张贴到黑板上，教师简要汇总。

【设计意图】让孩子们认识到在水培植物的过程中可能会体会到的多种心情，为观察记录做准备。

### （六）观察与记录

要想了解真实的情况，详细的记录特别重要。想看到白菜花最美的时候，就需要精心培育，认真观察，做好记录。

想一想你可以用哪些方法进行观察记录？

大家说得很好，请你们在发现植物有变化时一定要随时记录。

## （七）感受差异

播放动画片，幻灯展示并讲解几种不同的实验结果。

在这些实验结果中，大家看到了什么？

今天，如果你愿意，也可以回去尝试一下，看看最终会发生怎样的变化？

【设计意图】让学生感受科学实验的结果差异，初步了解事物发展的多种可能性。

## （八）总结

最后请 3 ~ 5 名同学用一句话或者一个词来说说这节课的感悟以及收获。

## （九）填写园艺心理观察记录表

### 园艺心理 植物观察记录表

姓名：　　　　　　　　小组名：　　　　　　　　　　观察植物名称：

| 观察日期 | 观察记录 | 心情和感受 | 备注 |
|---|---|---|---|
|  |  |  |  |
|  |  |  |  |
|  |  |  |  |

## 第二课时　见证成长

### （一）分享成果

我看到大家把自己的水培植物都带来了，那就先互相欣赏一下，交流一下，找找知音吧。每组选一个代表展示。

### （二）关注过程中的心情变化

引导孩子看观察记录，引出水培过程中的多种心情。

讲解心情多样性的价值以及意义。看观察记录，说说自己的心情。

【设计意图】了解心情多样性的价值，学习用恰当的态度面对水培过程中出现的正面和负面情绪。

### （三）给植物取名字

结合自己的栽培过程。

结合自己的感受和体会。

为什么取这个名字？

### （四）回顾中感悟收获

引导孩子回顾整个水培过程，反思：水培过程教给了我什么，写到便签纸上。

问题引导：

（1）水培过程中印象最深的是什么？

（2）水培过程中最开心的时刻、最担心的时刻？

（3）水培过程中最大的收获是什么？

### （五）自我体察，表达感受

引导孩子对自己的花说一句话，文字向里贴到瓶子上。

用手焐一会儿瓶子，让瓶子和花儿感受到你的温暖和能量。

把瓶子转过来，这句话也正是花儿想对你说的。

## 六、教学反思

本节课作为园艺心理课程的第一次尝试，孩子们在水培过程中产生的真实情绪体验，让他们再次对情绪有了更深刻的认识，知道了情绪的多样性、可变性，由此为青春期的情绪辅导奠定了非常好的基础。

园艺活动的过程性，具有单元教学设计的先天优势，因此本次课程伴随水培植物成长进程进行了系列活动设计，让学生们的真实体验有出口、有收口，有效引导了孩子们的情绪体验和水培感受。尤其是水培过程中的成败应对，让孩子们在青春期即将到来之际，感受到了成长过程中的差异，由此在植物成长中逐步学会面对自身的成长。

本单元作为园艺心理课程的首次尝试，两个学科的教师虽然在同一个课堂上，但是融合得并不是特别好，整个课堂更像"拼盘"课程，各自独立。后续如果能通过设计让两门学科的内容更为有机地融合到一起，可能学科融合课程就会更加名副其实。

# 合作你我他——为植物找个家 ①

## 一、指导思想与理论依据

体验式学习是指学生通过实践来认识周围事物，真正成为课堂的主角。教师的作用不再是单方面地传授知识，更重要的是利用那些可视、可听、可感的教学媒体努力为学生做好准备工作，让学生渴望学习，自愿地全身心地投入学习。

心理学认为，合作是两个及两个以上个体为实现共同目标而采取的某种行为。合作是社会性行为的表现，也是儿童不可或缺的适应社会生活的能力。

本课旨在让学生在体验式学习中，通过合作学习，培养合作意识，进而学会相关的科学知识。

## 二、学情分析

低年级的小学生大多还以自我为中心。缺乏合作精神可能会影响到儿童的社会性发展。本节课通过结合植物的结构这一科学知识，开展活动，让学生体验合作过程，引导他们认识合作的重要性，培养初步合作意识，初步掌握在学习、生活中合作的基本技巧，体验合作带来的成功喜悦。

## 三、教学目标

• 学会认识植物并说出植物的特征，通过小组合作，学会根据植物的特征对植物进行分类。

---

① 授课对象：一、二年级；授课教师：何美仪。

· 在植物拼图游戏中，初步掌握合作的基本技巧。了解人与人之间密切合作的重要意义，增强与人合作的意识。

· 开展植物对对碰这一活动，使学生理解在合作中重要的不是突出个人，而是相互配合，在游戏中体验合作带来的成功喜悦。

## 四、教学准备

教师准备：PPT、植物各个部位的卡片、A4 纸、胶水、植物园场景画报。

## 五、教学过程

### （一）导入

教师出示植物图片：睡莲、风铃木、月季花、菊花、菱角和玉兰花。

提问：这些都是什么植物？

学生回答。

追问：它们都有哪些特征？可以怎样观察？

预设：感官、借助工具。

提问：请你用这些方法来观察一下，这些植物都有哪些特征？是什么样子的？

学生：分小组汇报。

【设计意图】开门见山，直接导入，结合科学知识让学生认识植物并用不同方法观察植物的特征。

### （二）给植物分类

活动之前说明活动要求和规则，请学生明确活动规则：

（1）安静、有序；

（2）注意集合时间、手势；

（3）自由选择组队成员，选择好后找到位置坐好。

1. 随机组合

布置任务：每位同学随机发放一种植物，自由组队（6 人）。因为分类标准不明确，所以有的同学没有找到组。

教师提问：同学们根据什么组成一队？

学生自由回答，发现不同的分类标准。

教师继续追问：那没有找到组的同学怎么办？怎样分组能让每位同学都能分到组？

【设计意图】学生在游戏过程中，学会植物的分类知识，明确需要确定一个统一标准来进行分类；学会与他人合作找到自己的小组，完成任务；初步建立合作意识。

2. 给植物分类

教师引导学生确定一个分类标准，学生根据标准重新组队。

小组根据分类情况进行汇报，确认分类结果正确。

教师提问：在这次植物拼图活动中每个人都找到了自己的组，和之前对比，你有什么感受？

【设计意图】学生进一步掌握合作技巧，明白人与人之间需要相互交流、合作。

3. 给植物找家

给每位学生分发一张植物卡片，把植物摆放在适合的区域（黑板上贴的公园海报），例如：草药区、水生区、粮食作物区……

完成后大家共同欣赏海报，学生谈谈自己的感受。

教师引导：能够又快又好地给植物找到家，离不开大家的合作。

【设计意图】感悟个人的力量是有限的，个人只有融入团队，才能更快更好地解决问题；同时需要在合作的团队中找到自己的位置，而不是重点突出个人，合作是相互配合。

## 六、教学反思

小组学习改变了传统的教学方式，充分以学生为中心，体现学生的主体地位，让学生在玩中学，激发学生学习兴趣、自主探究，让学生明白不仅要争取个人的表现，同时也需要合作来实现小组学习的共同目标。在分组过程中，大家带着问题以及分类标准各抒己见，人人都贡献自己的力量，这样问题就能够被解决。

# 多肉伴我成长 ①

## 一、指导思想与理论依据

《中小学心理健康教育指导纲要（2012 年修订）》明确指出小学低年级心理健康教育的内容包括：帮助学生认识班级、学校、日常学习生活环境和基本规则；初步感受学习知识的乐趣，重点是学习习惯的培养与训练；培养学生礼貌友好的交往品质，乐于与老师、同学交往，在谦让、友善的交往中感受友情；使学生有安全感和归属感，初步学会自我控制；帮助学生适应新环境、新集体和新的学习生活，树立纪律意识、时间意识和规则意识。

根据班杜拉的社会学习理论，学生们看到的行为会潜移默化地影响其个人的行为。在本节课的设计中，借助花苗种植与探讨来引导学生在日常生活中的时间管理行为。学生依据实际情况，自主管理时间。

## 二、学情分析

小学一、二年级是培养习惯的黄金时期，而时间管理对培养习惯至关重要。二年级学生大多对时间管理还没有理性的认识，不知道如何自主合理地安排自己的学习和生活。这个年龄阶段的孩子模仿性强、自制力弱，要特别做好起步阶段的指导，重在鼓励孩子在尝试中学会时间管理的方法，体会时间管理的益处。

之前同学们都已开始种植小植物，并且开始写观察日记。然而一段时

---

① 授课年级：二年级；授课教师：李洋。

间以后，很多孩子纷纷表示多肉等植物死去了，在日记中表达了自己悲伤的情绪。

对于低年级学生而言，他们对自己情绪的认识非常有限，容易出现情绪行动化的情况。例如面对愤怒，他们可能会暴跳如雷甚至伤害他人；面对悲伤他们可能会无法自拔甚至自我否定。本课试图通过多种方式帮助学生认识情绪的多样性，学会用语言表达情绪。

## 三、教学目标

· 学会结合实际，合理安排自己的课余时间。体会时间的有限与珍贵，培养自觉合理安排时间的意识。

· 通过用颜色表达情绪的方法更直观地认识情绪的多样性和普遍性。

· 在教师给定的情境当中，通过口头和书面两种形式表达自己的情绪，实践对情绪语言化的表达。

· 了解植物生长的规律，体会园艺生态循环的神奇，从而进一步理解失败是下一次进步的起点。

## 四、教学准备

教具类：花盆、土、多肉幼苗。
资料类：PPT、词条贴纸。
学案类：学习单。

## 五、教学过程

### 第一课时  园艺活动中的时间管理

#### （一）你好植物宝宝

1. 向植物宝宝问好
请所有同学观察课桌上的植物幼苗，用自己喜欢的方式和植物打个招呼。

提示学生幼苗娇嫩，动作一定要轻柔缓慢。

2. 植物宝宝长大后

播放植物幼苗长大的样子，激发学生的种植愿望。

【设计意图】激趣导入，使学生与植物幼苗建立联结，激发学生的种植愿望。

（二）小园艺师来帮忙

1. 今天我是园艺师

幼苗种植要求：每个人的小花盆旁边有三株不同植物的幼苗，你可以选择自己喜欢的一种或多种进行种植。如果还想要更多，课桌中间的小碗里的幼苗也可以种植。

（板书：贴种植标志）

2. 自由种植

各小组进行自由种植，教师组间巡视，观察记录。

3. 分享种植感受

预设1：种了多株幼苗，很高兴，因为每一种喜欢的都种植了。

预设2：只种了一棵，很难过。

4. "植物宝宝说"

补充植物拟人化简介，介绍其生长习性。

5. 二次交流感受

预设1：种了很多种植物，但是这样是没办法成活的（教师追问原因）。因为有的植物需要很多水，有的不需要；有的需要日光浴，有的却不能晒太阳。没办法种植在一起，很难过。

预设2：种植了很多株同一种植物（教师追问能否成活）。不能成活，因为太挤了。（贴词条：空间、养分）

预设3：幸亏只种了一种，很开心。

6. 共同讨论解决办法

预设1：把幼苗带回家去种植。

预设2：多要两个花盆，种在其他花盆里。（以上两种情况教师提示：可以，下课进行）

预设3：放弃其中两种，很难过。（教师提示：没有被选中的植物宝宝，老师们会为它们在心理教室的花盆里找个家，欢迎同学们来看它们）

7. 花苗归位

与没有被选中的植物宝宝说再见。种花用具集中，整理桌面。

8. 总结

刚才的幼苗种植活动中，小园艺师因为每一种植物都喜欢，都想种，差点影响了植物宝宝的生长。幸亏我们用集体的智慧对其进行了合理安排。（教师贴词条：习性、合理安排）

【设计意图】通过任务驱动的方式，激发学生兴趣，引导学生在种植中进行思考，交流感受。

### （三）时间管理小达人

1. 请你帮帮忙

PPT 出示：小明每天有一个小时可以自由安排时间，他想做的事很多很多。请你拿出学习单，读一读，他想做哪些事？需要多长时间？你建议他如何选择？（教师贴时钟标志）

2. 交流分享

预设1：没有人选择1小时都用来玩儿（教师追问原因）。因为都用来玩儿了就没有时间做其他事了，没有时间学习了。时间的长度是固定的。（贴词条：长度）

预设2：选择玩游戏10分钟。教师表扬同学们劳逸结合，是安排时间的小达人。

3. 继续排序

4. 请学生交流分享

预设1：先运动，后学习。因为学习了一整天，需要放松身心，学习效果更好。

预设2：先学习、练琴，后玩游戏，因为这样可以踏踏实实玩儿。

同学们能够结合实际安排自己的时间，让娱乐与学习都能收到最好的效果，把我们需要做的事都做好。（贴词条：需要）

【设计意图】通过思考寻找植物种植与时间安排的内在联系，在实践中训练学生合理安排时间的能力。

### （四）放学后 1 小时我安排

请学生结合实际按顺序写出当天放学回家要做的三件事。

不会写的字可以写拼音，并与身边的同学进行交流。（贴词条：条理）同学们可以请自己的爸爸妈妈对自己今天课后 1 小时的表现进行评价。做得好就可以让爸爸妈妈在太阳花里打钩；做得越好，小朋友们收获的太阳花就越多哦。

就像花儿的绽放需要空间和养分的合理安排，绽放精彩的笑脸同样需要我们的合理安排，这样才能在有限的时间里把每件事做得更好。（贴词条：合理安排）

期待大家都能合理安排时间，做个聪明园艺师，让自己的童年开出幸福的花朵。

【设计意图】结合今天所学，结合自己的生活实际进行实践。

### （五）学习单

设计属于自己的时间安排表，与小伙伴一起分享。

# 学 习 单

小明每天放学后有 1 小时可以自己安排，下列活动你建议怎样选？

①踢足球（20 分钟）　②学习（30 分钟）　③玩游戏（10 分钟）

④去东环广场和小伙伴玩儿（1 小时）　⑤看课外书（15 分钟）

_____

_____

放学后 1 小时我安排：

第一：_____ 用时：_____ ✦ ✦ ✦ ✦

第二：_____ 用时：_____ ✦ ✦ ✦ ✦

第三：_____ 用时：_____ ✦ ✦ ✦ ✦

小小展示窗：

## 第二课时 植物的旅程

### （一）多彩情绪树

#### 1. 导入

在我们的生活中，我们的情绪会因为环境的变化而变化。今天上课之前，老师就请同学们来听两段音乐，咱们一起来想一想，如果让你用一种颜色来表达你的感受，你会用什么颜色呢？

（1）听一段欢快的音乐（《春节序曲》），你的感受如何？你选择什么颜色？

预设：高兴、开心，选择红色、金色等。

（2）听一段悲伤的音乐（《梦后》），你的感受如何？你选择什么颜色？

预设：悲伤、难过，选择黑色、灰色等。

【设计意图】用色彩表达情绪。

#### 2. 引入观察日记

看来，音乐能让我们的情绪发生变化。其实，我们遇到的各种各样的事也能改变我们的情绪。

（1）回顾某一篇观察日记，用一种颜色来表示小作者的心情。生生交流讨论。

（2）回顾自己的三篇观察日记，思考你当时的情绪是什么颜色呢？用彩笔在三片不同的叶子上标记。如果你速度比较快，也可以试着给叶片涂色。

请刚才用不同颜色标记树叶的同学举手。原来我们面对一件事情会产生多种不同的情绪。

【设计意图】认识情绪的多样性与普遍性。

#### 3. 画廊漫步

（1）小组合作，将叶片的颜色归类，按照不同类别贴到本组的大树上。

（2）所有画笔、胶棒都收到工具箱中，先做好的小组就可以开始参观其他小组了。通过画廊漫步的形式参观其他小组的情绪树，思考他们都用了什么颜色，与你们小组有何相似之处。

（3）小组交流汇报。

预设：都有红色，都有黑色……都用了很多种颜色。

看来大家都用了多种不同的颜色，原来我们都有这么多种不同的情绪。那么你再试着观察这些叶子的分类和数量，你还有什么发现吗？

预设：红色、黄色多。

看来对待同样一件事，我们也可能产生类似的情绪。

【设计意图】说明情绪是五颜六色的，是多种多样的，这是我们人的正常反应。

### （二）小明的日记

1. 我的情绪我面对

原来我们大家都会有各种情绪。这些看起来五颜六色的树叶就代表了我们丰富的情绪，这是我们真实的反应。让我们和情绪做朋友吧。

请大家把刚才画的那片代表你情绪的小树叶贴到相应的日记旁边，想一想是什么让我们有了这样的情绪。

2. 交流共有的负面情绪

老师在大家的大树中或多或少地看到了比较深的颜色。为什么会选择这样的颜色呢？请这几位同学和我们分享一下当时遇到了怎样的情况？说说你的感受吧。

【设计意图】了解我们都会有这样的情绪。

看来很多同学都遇到了这样的情绪，小明也不例外。看到植物枯萎了，小明很难过。不过今天和大家一起交流，知道了很多同学都遇到了一样的情况，小明感觉不那么难过了。你也试试吧！

【设计意图】让学生体会交流能够缓解负面情绪。

3. 介绍种植规律

看到这么多同学都能敞开心扉，老师也感觉好多了。其实老师和你们同时种植了小多肉，但是也就只有几片能存活下来。

无论是多肉，还是网纹草、吊兰，其实都有很高的种植难度，需要我们运用得当的养护方法，在适宜的气候中才能成功。对于二年级的小朋友而言，没有种好没有关系。

这一次的经验，其实就是下一次成功的开始。我们可以再次尝试，或者种植一些更易成活的植物。

4. 书面语言表达情绪

植物都有自己的生长周期，都会遵循自然规律。如果真的要对小植物说再见，你想说一句什么话呢？或者你有怎样的感受想记录呢？请你把它写在小苹果上；写好了将它贴在黑板上的大树上。

【设计意图】试着用语言去表达自己的悲伤。

### （三）下一段旅程：小植物的独白

体会园艺的神奇，死亡并不意味着终结，而是新的开始。如同失败并不意味着结束，而是下一次进步的起点。

看到这么多同学学会了用语言去表达情绪，小植物都感到很欣慰。他们委托李老师给大家读一读他们写来的信：

亲爱的小朋友们：

你们好！

看到大家不再那么难过，我也感觉好多了。每一天我都期待与你们相见，陪伴你们度过一段美好时光。

然而很遗憾，因为种种原因，我没有很好地成长，枯萎了，甚至融化到了泥土当中。

其实啊，你们不要难过。来到泥土当中，我有了更多的伙伴。正如古人所说："化作春泥更护花。"我们一起变成了其他植物的养分。

我们拥抱着娇嫩的花种子，陪伴它们开出更灿烂芬芳的花朵。如果你闻到那样美妙的花香，请记得，那就是我在对你们微笑。我的下一段旅程已经开始了，你们呢？快向新的成长出发吧！

## 六、教学反思

### （一）运用音乐与色彩为学生搭建表达情绪的能力支架

情绪的语言化表达对于低年级学生而言难度比较大，因此本课在设计过程中充分考虑到学生实际，从听音乐表达感受引入，让学生试着为情绪寻找对应色彩；而后通过涂色树叶的归类集合，让学生直观感受情绪的丰富与真实，继而让学生将情绪与事件进行联系，通过日记、语言交流、书信等方式去表达情绪。

**（二）借助园艺知识帮助学生进行情绪的自我调节**

对于低年级学生而言，处理负面情绪往往难度较大。学生面对种植过程中遇到的挫折往往手足无措，甚至万分失落。然而本课恰好利用了植物在自然界的生态循环，通过介绍这一园艺知识引导学生理解，在园艺的世界里，植物的枯萎不代表结束，而是新的开始，如同一次失败也不代表结束，而是新的起点。旨在帮助学生提高抵抗挫折的能力，树立面对困难的信心。

**（三）教学目标的达成**

1. 学习效果反思

能够通过听不同音乐感受情绪的变化，并找到与之相对应的颜色，为接下来的活动做好铺垫。

2. 目标的引出

能结合自己的观察日记分析自己的情绪，同时找到对应的色彩。小组合作，对情绪进行分类，认识到情绪的多样性，并将情绪与引发情绪的事件相对应，找到产生情绪的原因。

3. 目标效果的达成

通过生生沟通以及写卡片的方式，用口头或者书面语言表达自己的情绪。结合老师的辅导，开始尝试自我情绪调节，增强面对困难和失败的勇气。

# 豆芽的秘密 [①]

## 一、指导思想与理论依据

教育部《中小学心理健康教育指导纲要（2012 年修订）》和《北京市中小学心理健康教育工作纲要（修订）》指出，学校心理健康教育的总目标是：提高全体学生的心理素质，培养他们积极乐观、健康向上的心理品质，充分开发他们的心理潜能，促进学生身心和谐可持续发展，为他们健康成长和幸福生活奠定基础。在学会学习的能力目标中指出：要引导学生端正学习态度，激发学习动机，培养学习兴趣和良好的学习习惯，帮助学生掌握有效的学习方法和策略，增强学习效能，培养探究意识和创新精神。

同时，具体目标中提到要提高自主自助和自我教育能力，增强调控情绪、承受挫折、适应环境的能力，培养学生健全的人格和良好的个性心理品质。因此心理健康教育应从不同年龄阶段学生的实际身心发展特点出发，做到循序渐进，促进学生健康成长。小学中年级的辅导目标主要包括：树立集体意识，善于与同学、老师交往，培养自主参与各种活动的能力，以及开朗、合群、自立的健康人格；引导学生在学习生活中感受解决困难的快乐，培养学生对不同社会角色的适应。据此，我们将本节课的内容确定为引导学生个体学会如何与同伴交往，建立积极的交往观念，更好地在集体中生活。

## 二、学情分析

三年级的学生在学习能力和解决问题的方法上还存在一定局限性，这使得他们思考问题往往不够全面、不够系统。同时，这样的局限也体现在同伴交往

---

① 授课年级：三年级；授课教师：李洋。

上，他们已经初步具备用较为流畅的语言表达自己想法的能力。但是在与他人合作过程当中，"有效沟通"的能力还相对不足。例如，有些同学急于表达自己的想法而疏于倾听，有些同学不知道如何用准确的语言来寻求他人的帮助。此外，学生的信息收集能力还有待加强。由于习惯了线性信息的读取和理解，当面对多种形式的信息时，他们往往无所适从。这样的能力需要进行锻炼。

## 三、教学目标

- 了解绿豆芽培育方式及注意事项。
- 通过多种形式的文本获取信息。
- 乐于沟通交流，合作完成计划书。
- 培养合作精神和互助能力。

## 四、教学准备

教具类：豆芽、绿豆、彩笔、胶棒等。

资料类：PPT、词条贴纸。

学案类：学习单。

## 五、教学过程

### （一）猜谜语，揭示课题

通过三个谜语提示，帮助学生建立对豆芽外貌的印象。

冰肌玉质，不染污泥。

金芽寸长，似龙之须。

此物生于豆。

【设计意图】通过趣味猜谜，使学生对豆芽的外貌有初步印象。

### （二）触摸豆芽和绿豆

提供豆芽和绿豆的实物，提示学生通过触摸、观察等多种方式认识绿豆和豆芽。

【设计意图】让学生与豆芽建立联结，激发学生对豆芽萌发过程的好奇心。

### （三）观看发豆芽视频

播放用水瓶发豆芽的视频，让学生初步了解发豆芽的方法并思考发豆芽所需元素。

【设计意图】通过视频的方式让学生对发豆芽的过程有整体印象，并了解发豆芽所需元素。

### （四）认识发豆芽元素

让学生依据拿到的元素卡片重新分组。

【设计意图】通过这一过程帮助学生加深对发豆芽元素的印象，同时锻炼学生的沟通能力。

### （五）了解发豆芽注意事项

提供诗词、实验报告、图表三种不同形式的文本，提示学生思考培育豆芽的注意事项。

【设计意图】通过多样的非线性文本刺激学生从多角度思考，完善自己对培育过程的印象。

### （六）制作自己的培育计划书

讲解计划书的制作方法，帮助学生完成计划书。

【设计意图】通过小组合作的方式，结合本节课所学，共同完成计划书，培养学生的团队合作能力。

## 六、教学反思

本节课学生通过多种形式的文本了解豆芽成长所需的元素，在小组合作探究中完成豆芽培育的计划书。本节课不仅提升了学生的沟通能力和协作能力，也锻炼了学生通过各自所长进行多元表达的能力。

# 蒜苗的成长 ①

## 一、指导思想与理论依据

为深入贯彻党的十八大、十八届三中全会精神，落实《国家中长期教育改革和发展纲要（2010—2020年）》和《中小学心理健康教育指导纲要（2012年修订）》，《学校生命教育指导纲要》（2014—2018年）指出：实施生命教育是学生健康成长的需要。学前幼儿、中小学生正处于身心发展重要时期，对生命的体悟逐渐深刻。在经济全球化、文化多样化的社会背景下，其生活方式对生命价值取向受多种因素的影响，会遇到各种困扰和挑战，需要正确认识生命现象和意义，完善人格，健康成长。

生命教育主要是教人认识生命、保护生命、珍爱生命、欣赏生命，探索生命的意义，实现生命价值活动，其核心是珍惜生命、注重生命质量、凸显生命价值。

实施生命教育要坚持知识学习与生活体验相结合的原则。既要进行科学系统的知识培养，还要引导学生积极参与实践活动，将普及生命教育知识、增强生活体验与提升生命素养有机结合在一起。

本课主要是依据杜威的进步教育理论——体验式学习来设计的。杜威在进步教育理论中指出：教育完全是促进儿童的成长。而且，生长的目的就是进一步生长。教育自身就是目的，除此之外别无目的。因此，杜威常常试图在生长或教育自身之外去寻找生长或教育的目的。他认为教育不应该是生活的准备，而教育本身就是生活，教育充满着动能的和不断生长着的生命。基于此，本节课以蒜苗的成长为主题，学生在观察蒜苗的生长过程中认识到生

---

① 授课年级：四年级；授课教师：韩凯旋。

命的意义。

体验式学习是一种以学习者为中心的学习方式，这种学习方式的进行需要通过实践与反思的结合才能获得期望的知识、技能和态度。本节课学生通过观察蒜苗的成长进行体验性的活动，更好地让学生了解生命的意义，学会珍视生命、善待生命、尊重生命，提升生命质量，实现生命价值。

## 二、学情分析

四年级是小学儿童发展的关键期，在认识和情感方面是一个飞跃转型的发展期，主要体现在：思维方式多样化，有一定的创造性思维，情绪趋于稳定，情感有一定的选择性，道德感、理智感、美感等高级情感也有了进一步发展。他们更需要在教师的组织引导和启发下，更好地认识自我，适应学习和生活环境，提高学习能力，发展人际关系，树立正确的道德价值观。

本节园艺心理课借助观察记录蒜苗的成长，让孩子自己观察和探究，培养其自主参与各种活动的能力。学生对本课程有较大兴趣，对学生各方面的发展起着非常重要的作用。

## 三、教学目标

• 了解蒜苗的生长发育规律，让学生体会到科学探究的乐趣，在活动中得到锻炼，在活动中得到发展。

• 在实践活动中，使学生学会合作、与人分享劳动成果，感受相互交流的乐趣。

• 培养学生的观察能力，学会更好地感受植物带来的喜悦，能够在过程中体会成长的意义。

## 四、教学准备

学生：将蒜苗的观察记录表带到课上。
教师：PPT。

设备：电脑、实物投影。

# 五、教学过程

## （一）利用感觉器官初识蒜苗

1. 激趣导入

老师从大自然中捕捉到了很多美丽的景色。大家快来看看，这里面有你熟悉的植物吗？

课件播放黄瓜、豆角、荷花的生长视频，引导学生分享交流生活经验。

这是什么植物？你对它有什么了解吗？在它生长的过程中，你感受到了什么？

2. 观察一株植物

（1）远观蒜苗。

整体看，它是什么样的？你最先看到的是什么？

（2）近观蒜苗。

第一，学生说说对蒜苗的认识。

第二，交流观察发现。（板书：根、茎、叶）

第三，用感觉器官观察。

3. 小结

你们获取了这么多信息，你是怎么知道的呢？学生通过交流发现眼睛可以帮我们看到颜色、形状，鼻子可以闻到气味。我们把眼、手、鼻、耳、舌叫作我们的感觉器官。（板书：眼、手、鼻、耳、舌）

【设计意图】本环节通过感觉器官观察蒜苗，一方面是让学生感受蒜苗，为后面体会蒜苗的成长做准备；另一方面，在整体观察之后，引导学生局部观察植物，经历从整体到局部的科学观察过程，初步学习科学观察的方法。

## （二）体会蒜苗的成长过程

学生拿出自己的观察记录表，分享交流。

1. 小组合作交流

（1）小组4人交流观察记录表。

（2）形式：图片、成长日记、视频短片等。

## 2. 学生日记

上周二，老师让我们种蒜苗。我和妈妈买来一些大蒜，然后我轻轻地把它剥开，蒜瓣就像白白胖胖的小娃娃对着我笑呢！我从厨房拿来一个盘子，往里面加了一些水，最后把大蒜放进加了水的盘子里。

第二天早上，蒜苗一夜之间神奇地长出一圈嫩绿的小芽，就像一个个淘气的小朋友，总要分出高低。你看！高的蒜苗好像在说："看我，又细又长。"矮的也不服气，好像在说："看我，又粗又壮。"

到了傍晚，我一量，有的蒜苗居然长了足足 2 厘米高了。我观察它的根部，发现底下长着像水母触角一样的东西，我忍不住摸了摸，软软的。我去问妈妈，她说："你看到的东西是蒜苗吸收水和营养的主要器官。""噢！"我恍然大悟，原来蒜苗还有那么多知识呀！

一个多星期过去了，蒜苗已经长到 14 厘米高了，可以剪下来吃了。妈妈给我做了一碗香气扑鼻的手擀面，汤里漂着绿油油的小蒜苗，他们正自由自在地游泳呢！我尝了一口，"啊！味道好极了！"吃着自己种的蒜苗，我心里美滋滋的。

通过这次种蒜苗，我懂得了一个道理：只有付出劳动才能收获喜悦。

## 3. 小结深化

同学们，我们通过观察记录感受到蒜苗的成长过程，细心观察会让我们发现许多惊喜，在平日的生活和学习中，我们要学会多多观察、勤于记录。

【设计意图】本环节通过分享交流蒜苗成长的过程，让学生反思自己的成长过程；同时学习观察方法，以便发现生活中的精彩。

## （三）认识生命

### 1. 学生谈蒜苗的生命
（1）蒜苗经历萌发、抽芽、长叶等生长发育的过程。
（2）和我们人一样都需要呼吸和水分。

### 2. 学生分享
（1）我们如何对待生命？（板书：尊重生命、珍爱生命）
（2）在生活中，你遇到了哪些困难？是怎样克服的？

3. 小结

无论是动植物，还是我们人类，都要更好地了解生命的意义，学会珍视生命、善待生命、尊重生命，提升生命质量，实现生命价值。

【设计意图】在观察交流蒜苗的成长过程后，让学生谈谈对生命的认识。

# 六、教学反思

这节活动课，主要是通过分享交流观察记录的方式让学生体会成长并且认识生命的价值。将课堂交给学生，让学生亲自对蒜苗的成长进行仔细观察，让学生用自己的方式说出观察结果。

这堂课还有部分不足的地方。从设计意图上看是观察、描述、记录蒜苗的成长，但综观整堂课来看，记录部分指导不足。虽然在课堂上已经指出了"观察不单单只是用眼睛看，还可以用到其他感官来观察"，但学生在实际操作中多用眼睛看，很少有学生动用其他感官观察。

课后，学生反馈以后会多多亲近大自然，用"五感"去观察和参与植物的生命周期。

# 种子的奥秘 ①

## 一、指导思想与理论依据

新课标强调保护学生的好奇心与求知欲，将学习内容嵌入儿童喜闻乐见的科学主题中，创设愉快的教学氛围，增强课程的意义性和趣味性。中国学生发展核心素养，以培养"全面发展的人"为核心，分为文化基础、自主发展、社会参与三个方面。本课着重突出的是文化基础框架下科学精神中的理性思维。希望学生能够崇尚真知，能理解和掌握基本的科学原理和方法；尊重事实和证据，有实证意识和严谨的求知态度；逻辑清晰，能运用科学的思维方式认识事物、解决问题、指导行为等。

韦钰院士曾在《探究式科学教育教学指导》一文中提到，探究式科学教育中最重要的两个特征：一是对学生适宜探究的科学问题提出基于实证的验证过程；二是在一个具有师生互动、学生间互动的环境中，由学习者主动进行探究。因此，我们要引导学生善于发现问题，当问题确定后，能够用探究的方式来对待，并利用知识和经验寻求客观存在的事实证据，理性地分析和解决问题。

园艺心理活动除了引导学生认识情绪、学会处理情绪外，还可以培养学生的思辨能力，让学生学会辩证地看待问题。不仅如此，通过与科学课程的融合，培养学生的推理能力，帮助学生提升逻辑思维能力。

---

① 授课年级：三年级；授课教师：叶楠。

## 二、学情分析

学生对于种子的内部构造并不清晰，因此需要对种子进行解剖观察。而学生年龄及能力的差异，导致实验操作难以整齐规范。因此，观察的效果不尽相同。另外，种子的萌发快慢也存在差异，且无法课前掰开检查是否利于观察，这也为学生的实验观察带来了困难。本课试图通过基于逻辑的推理，使学生更容易地认识到种子的构造及其对植物一生的影响。

## 三、教学目标

- 能力目标：培养学生观察并收集证据，利用证据进行推理，继而验证假设的能力。
- 学科教学目标：知道种子的结构分为种皮和胚。根据植物发芽后的结构，推断出蚕豆种子的胚包含胚芽、胚轴、胚根、子叶。学生通过观察与探究发现蚕豆种子的结构，并初步了解其长成后相应的植株部位。

## 四、教学准备

资料类：PPT。
学案类：学习单。
学具类：种子、镊子。

## 五、教学过程

### （一）问题导入

- 请同学们先看一段视频。（播放视频，共半分钟）

学校里这么多的植物，它们是由什么成长而来的呢？植物最开始是什么样的呢？

（预设：种子）

- 一粒小小的种子蕴藏着这么大的潜力，那么种子包含哪些结构呢？你能说说吗？

• 我们对种子有这么多的猜想，那么种子里边到底是什么样的呢？今天一起来探索一下种子的奥秘。（出示板书）

【设计意图】老师在学生原有知识结构的基础上进行引导构建。

**（二）教授新知**

• 请你认真观察这一生长过程，3分钟后，请回答我，植物发生了哪些变化？请你在学习单的第一部分完成圈画。（通过师生间问答，将问题聚焦）

• 请你和同桌讨论一下，你发现了什么？

（预设：发现植物在不断生长，每张图各自产生了哪些变化）

【设计意图】通过对图片的观察，感受植物生长的变化，并初步了解植物的生长顺序。培养学生的观察能力和思辨能力，并通过小组讨论，培养学生的合作能力。

• 请同学们来说说你的发现。

（预设：植物破土而出后，慢慢伸直了腰，并长出了叶子和两片类似于叶子的部位）

• 我们发现植物发生了以下这些变化。首先，伸直了腰，植物的这个部位科学上称为茎；同时也长出了叶，还有一个类似于叶的部位，我们暂且留一个疑问。

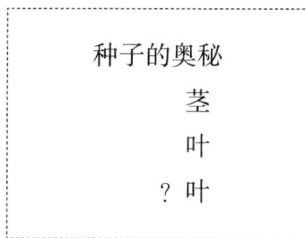

```
种子的奥秘
    茎
    叶
  ？ 叶
```

• 那么，你能猜猜，我们看不见的土里，发生了什么吗？请你画在学习单的第二部分。

【设计意图】学生开始进行猜想并绘画。首先，明确植物有根，而土中具体的样子或者根的形态、种子的形态，由学生们自由发挥想象并进行描述。

· 请同学们来说说，你猜想的土壤里，发生了什么变化。

（预设：我们发现，植物的生长还会出现根）

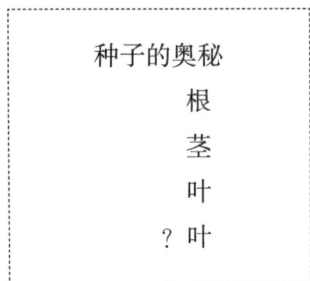

```
种子的奥秘
      根
      茎
      叶
  ？  叶
```

· 我们发现一粒小小的种子，竟然能发生这样的巨变。那么，你能通过种子发芽后的结构，推断一下种子里应该有哪几部分呢？它们各自间有联系，还是相互独立的？你能说说吗？

【设计意图】通过对植物生长的观察，猜想种子的内部构造，从而将种子与植株的构造建立联系。

### （三）小组合作，进行实验

· 我们对种子里的秘密充满了好奇与想象，那么如何去验证，种子的内部到底是不是如我们想象的呢？我们该怎么办呢？（实验：解剖种子）

· 两人一组，轻轻将蚕豆种子小心掰开。注意：我们发现种子的边缘是相同的吗？有什么不同的地方吗？（将学生的注意力聚焦在需要观察的位置）请你先将种子的外皮从你发现不同的那个地方轻轻剥开。去皮后，从中间轻轻将种子分为两半，认真观察种子的构造。我们刚刚猜想了种子里应该有四部分，它们分别在哪里，请你认真找一找。

· 汇报观察结果，并给出科学名称。

我们发现，包裹在种子最外边的、随着植物生长而脱落的部分，我们称之为种皮。

打开种子后，我们可以看到（教师可进行指向性演示，明确胚的三个位置）两片小叶子，我们称之为胚芽。而最先冲破种皮，离种皮边缘最近的我们称之为胚根。而最不容易发现、连接着胚根与胚芽的部分，我们称之为胚轴。最后，我们能明显看到，最大的这两片，有点像叶又不像叶的部分，我们称之为子叶。

· 我们发现蚕豆的种子，分别由种皮、胚根、胚芽、胚轴和子叶组成。而胚根、胚芽、胚轴、子叶，它们有一个共同的名字——植物的胚。

```
               种子的奥秘
    种皮
    胚：  胚根           根
          胚轴           茎
          胚芽           叶
          子叶           ? 叶
```

· 通过学习，你能快速判断一下种子里的这些结构都分别生长成了植物的哪个部位吗？请你参考图片，来说一说。

（预设：种皮，在生长过程中渐渐脱落。胚根向下生长扎在土里，日后生长为植物的根；胚芽长成植物的叶；胚轴生长为茎；子叶生长为类似于叶子的两片结构，子叶先将营养进行储存，以提供植物的正常生长所需，在植物未来的生长过程中，随着营养的耗尽，子叶会逐渐脱落）

【设计意图】通过实验锻炼学生的动手能力，并通过实验验证猜想。

### （四）实验总结延伸

通过解剖种子，我们发现植物的种子内部有这么多的秘密。那么，请你完成学习单的连线部分，并将种子的内部结构标注在学习单上种子的相应位置。

今天我们认识了蚕豆的种子，那么其他种子是什么样的呢？请你回家后认真观察花生的构造，来看看它们和蚕豆种子是否相同。

【设计意图】通过对一粒种子的观察，引发对植物的整体思考。根据种子的结构特点，在课后继续对种子进行观察，建立种子构造的共性概念。

## 六、教学反思

本节课的特色在于通过长成的植物进行倒推，倒放不同阶段种子的生长形态，来假设推理种子的内部构造。在最终打开种子的那一刻，对之前所有的推理进行揭秘，让孩子体会到探究的乐趣和种子那神秘而又巨大的力量。

"种子的奥秘"这一课为科学中年级段，三年级"种子的构造"中部分内容。本课归属于科学"课程标准"中的"生命科学"领域。

在课程导入阶段，为学生营造种子的神秘色彩，让学生对种子内部构造进行猜测。随后，给出植物生长各个阶段的特点，以帮助学生"揭秘"种子的内部构造。这让学生在探究的初始阶段充分激趣，并积极参与随后的环节。

在给出线索后，学生可以根据线索进行推理猜测种子的各个部分，以形成新的认知。解剖种子后，学生们可以对之前的猜测有直观的判断。

# 小伙伴　共成长 ①

## 一、指导思想与理论依据

埃里克森的人格发展阶段论认为，人际交往对儿童身心发展有重大影响。通过人际互动，学生发展自己的兴趣，学习如何与别人相处，建立适当的自我概念。小学时期是儿童心理健康发展的一个重要时期，是儿童学习自我认知、学习适应生活、学习人际交往、融入集体生活的基础阶段。有效的人际交往使教育活动的价值转变为现实，是学生个体习得社会规范、形成优良个性品质、完成社会化过程的基本保证。

同伴交往指儿童或青少年与同一年龄阶段的伙伴之间的交往。儿童最初几年主要限于家庭小圈子与父母相互作用，把父母作为社会化的模式。随着年龄增长，认知能力增强，儿童开始渴望走出家庭的圈子，与同龄的儿童交友、玩耍。这种同伴交往需求，随儿童年龄增长而增加，成为儿童社会化进程中的一个重要因素。

德国少儿教育研究成果表明，戏剧教育可以提供良好的情绪状态、精神状态和生命状态，这是其他教育所不可替代的。在学校教育中增加戏剧教育，能更有效地开发孩子思维，提高其行为与语言表达能力，帮助其形成健全的人格和良好的个性特征，并提升其学习积极性与效率。

## 二、学情分析

低年级学生作为一个特殊的群体，各方面知识的学习都处于启蒙阶段，

---

① 授课年级：三年级；授课教师：李洋。

人际交往也不例外。小学生的人际交往主要包括三个方面，即与同伴的交往、与父母的交往、与教师的交往。本活动设计主要集中关注低年级学生的同伴交往。低年级学生对于人际交往完全处于感性的、自发的阶段，由自主意识控制。基于教学观察可知，很多同学在伙伴交往过程中容易出现自我中心引发的矛盾。多数学生还不具备理解他人、换位思考的意识。这常常会引发学生伙伴交往中的矛盾。

基于低年级学生的心智发展阶段，通过教育戏剧策略可以更好地帮助学生在表演活动中进行积极互动、发挥想象、表达情感，通过角色互换的演绎，体会伙伴间良性互动的快乐，从而提升学生的交友能力。

## 三、教学目标

- 帮助学生学会有意识地了解他人需要。
- 学会理解他人，为他人提供有效帮助。
- 体会良好伙伴交往带来的快乐。

## 四、教学准备

准备三种不同植物的种子：碗莲、冬小麦、辣椒；准备一间表演教室（没有课桌椅，按小剧场形式划分出表演区和观众区）。

## 五、教学过程

### （一）进入你的世界

- 播放校园景观视频，激发学生兴趣。引导学生关注校园里的植物，思考自己喜欢哪一种，为什么？

【设计意图】选择孩子熟悉的环境，让学生在充满绿意的校园美景中聚焦各种不同的植物。让学生思考并表达对植物的喜爱，为本节课打下良好的情感基础。

- 教师通过语言引导，让学生在音乐中进入情境，并通过肢体语言表达感受。运用相机咔嚓音效引导学生练习定格表演。

在一个晴朗的日子，一阵大风把小种子吹向空中。他们飘啊飘，慢慢降落在史家实验的校园里，安静地睡着了。

小种子身边的泥土轻轻地拥抱着他们，种子在泥土中慢慢苏醒，伸了一个大大的懒腰！（派几个同学当泥土）

有几只蚯蚓挪动着柔软身体来到种子身边，为他们松土。（派几个同学当蚯蚓）

种子感觉自己越来越有力量，慢慢破土而出。

每一天，园丁都在给小种子浇水。（派几个同学当园丁）

太阳每天都照耀着小种子。（派几个同学当太阳）

种子们慢慢地伸展出了自己的叶片，有的开始长高！

【设计意图】通过戏剧游戏，让学生放松身心，迅速进入种子生长的情境，感性了解种子的成长环境。同时在游戏中了解戏剧表演活动的方式。

• 交流分享表演感受。

【设计意图】通过交流分享加深对不同角色的印象，并初步感知伙伴交往带来的快乐。

### （二）了解你的需要

• 选择种子，并通过多种感官认识种子，与种子建立联系。

【设计意图】引导学生认识三种不同的种子，让学生凭借初步印象作出选择，并通过多种感官认识种子，与种子建立初步的联系。

• 戏剧表演，体验种植种子的过程。

（1）学生分组，对小种子表达自己愿意陪伴它成长的心愿；以小组为单位，将种子收集到新家里。

【设计意图】通过这样的仪式，让孩子与自己选定的这颗种子建立更深的联系。以小组为单位收纳种子，放置到小组成员面前，全程让孩子感受到自己对种子的陪伴。

（2）交流讨论该如何照顾种子，可以给种子提供什么。

（3）选择碗莲组，邀请两名同学扮演种子。其他同学通过肢体动作表达准备为碗莲提供什么。

【设计意图】给学生机会，根据自己的理解表达能为种子提供什么，为下一环节做好铺垫。

（4）播放碗莲的独白，请学生思考现在给碗莲提供的元素是否能让碗莲健康成长；调整后再次呈现。

（5）采访选择碗莲的小伙伴们，询问是什么让他们做出了这样的调整。

【设计意图】通过碗莲的独白，让孩子反思自己提供的帮助是否符合种子的需要，并进行调整。

（6）播放辣椒和冬小麦的独白。

（7）三个小组同时思考如何分工合作照顾小种子。肢体语言表达，定格，交流分享。

【设计意图】进一步了解种子的需要。

### （三）陪你度过困难

• 当种子遭遇干旱时，请部分同学扮演种子和种子的伙伴，表演如何帮助干旱中的种子。

（1）教师引导学生体会，在干旱环境中小种子的状态和心情。指名展示，交流感受。

（2）请同学思考我们能为小种子做些什么，指名部分同学通过肢体动作表演。

【设计意图】引导学生体会困境中的种子的状态和心情。指名部分同学展示我们如何陪伴困境中的种子。

• 当种子遭遇暴雨时，请全班同学体会种子的状态与心情，思考并表演如何向其提供帮助。

（1）教师引导学生体会暴雨环境中幼苗的状态与心情。全班学生一起表演。

（2）指名汇报，其他学生定格不动。

（3）用肢体动作表演如何帮助困境中的幼苗。全班定格。

【设计意图】全班同学体会种子遇到的困境，体会种子的感受，并思考如何提供尽可能多的帮助。感受陪伴给小种子带来的变化。

#### （四）我是你的伙伴

· 教师通过照片引导学生回忆一年以来与小伙伴一起走过的日子，引导学生感受伙伴的陪伴，激发学生热爱同学、共同成长的意愿。

【设计意图】由于低年级学生的成长恰好与种子的成长相契合，因此从种子的成长引发学生对生活的思考。通过照片的形式回忆与身边小伙伴共同走过的一年时光，回顾伙伴交往带给彼此的美好回忆。激发学生热爱同学、乐于陪伴帮助小伙伴一起成长的情感。

· 请学生用肢体动作表达此刻的感受，运用三次定格留下美好的画面。

【设计意图】用肢体语言向身边的伙伴表达语言难以描述的最真实的情感。通过彼此的互动，感受伙伴共同成长的幸福。

## 六、教学反思

学生在表演过程中通过互动、交流与合作的方式，学习如何给予他人帮助，从而实现隐喻式的教育。通过对学生个体戏剧表演过程中参与度、理解度、表现力等多方面的评估，分析学生实际获得与进一步的辅导需求。

# 第三章

# 以自然物创作为载体的园艺心理课程

# 叶片·发现 ①

## 一、指导思想与理论依据

教育部《中小学心理健康教育指导纲要（2012 年修订）》中指出，要通过多种途径提高学生的心理素质，指导中年级学生学会生活。本节课旨在借助自然观察，丰富学生的生活经验，并借助经验展开系列主题学习。

体验式学习，即让孩子在活动体验中进行探索、实践、发现，最终达成学习目标。本节课通过学生在校园中的探索实践，发现并感受叶片的多样性。而叶片作为自然界的天然存在，在个体差异性、多样性等方面和个体具有较好的一一对应，而从叶片到叶画的过程，又可以帮助孩子们更好地完成同伴、亲子、个人与集体等人际关系的心育主题探索，由此构成了我们本节课的设计依据。

## 二、学情分析

本课是自然物创作——叶画篇的第一课，旨在体验叶片的丰富性、发现叶片的多样性，为学生更好地学习叶画，并在叶画制作中进行心理能力训练做准备。叶片作为叶画的基本材料，是叶画课程非常重要的组成部分，如果要想更好地完成叶画设计，那么更精确地认识叶片是必不可少的。

三、四年级的学生在生活中虽然对叶片有一定的了解，但是更多的是一种大致概括的认识。本课通过实际的探索实践引导学生近距离了解叶片、观察叶片，多角度认识叶片，从而为更好地完成叶画做准备。

---

① 授课年级：三、四年级；授课教师：尤佩娜。

## 三、教学目标

- 能够发现多种不同叶片，说出叶片区分的三个不同维度，初步认识叶画。
- 提升观察叶片的能力。
- 培养对大自然的热爱和憧憬，体验大自然的神奇和魅力。

## 四、教学准备

各种各样的纸质叶片（颜色丰富、形状多样），具有丰富多样性叶片（植物）的场所。

## 五、教学过程

### （一）我记忆中的叶片

布置任务：画一画自己记忆中叶片的样子，引导学生想一想叶片的颜色。现实生活中，叶片又是怎样的呢？

【设计意图】初步建立和叶片的联系，呈现学生最初的叶片认知。

### （二）叶片发现

- 说明活动要求和规则，使学生明确规则：

（1）安静、有序；

（2）注意集合时间、手势；

（3）如果地上有叶片可以将它带回来。

- 带领学生走入校园，通过观察校园植物的形态，讨论并记录下不同形态的叶片。

围圈小组讨论：我们都发现了什么样的叶片？

全班分享。教师总结：叶片在颜色、大小、外形等很多方面都有不同，所以"世界上没有完全相同的两片叶子"，每一片叶子都是独特的。

• 固定某两种植物，引导学生自由观察并感受叶片。根据老师引导学习观察叶片，感受同种植物叶片的差异。

【设计意图】学生对叶片有初步的印象，增加对叶片的了解。

### （三）叶片寻宝

固定一个区域，进行叶片寻宝，找到带有编号的纸质叶片就算寻宝成功，成功后到国旗杆下集合。

活动要求：明确区域，提示寻找结果，集合地点。

回教室讨论：你有什么发现 / 问题？

结合寻宝结果，再次总结呈现叶片的丰富多样性。

【设计意图】让学生深入了解叶片。

### （四）叶片变身——叶片到叶画

播放落叶场景。这些五颜六色、形状各异、大小不同的叶片，马上就要落到地面，成为落叶。有人就把这些落叶进行了再创作，是什么呢？我们一起来看看。

（预设：叶画）

邀请寻到宝的同学根据叶片上的数字将其粘贴到相应的位置上。学生根据老师提示将手中组合好的叶片粘贴到黑板上的相应位置。

提问：你看到了什么变化？有什么感受？

学生分享感受。

【设计意图】让学生初步感受从叶片到叶画的过程，感知叶画的美。

### （五）作业布置：留住秋天——收集叶片

其实叶画可以做得特别美，教师展示主题各异的美丽叶画。

这就是秋天给我们的别样礼物，接下来就让我们用自己的双手留住属于我们的秋色吧。可是这么漂亮的叶画是怎么制作出来的呢？第一步就是收集叶片。

请你寻找 10 片不同的落叶，做成叶画资料，下节课带过来。教师讲解并示范叶片收集和保存过程。

【设计意图】学生初步了解叶画的不同主题，学习叶片收集方法，为接下来的课程做准备。

## 六、教学反思

通过回忆与现实的对比，在实际体验中引导学生认识自己的观察盲区，学生在具体观察中深入了解校园植物，知道了叶片的多样性、丰富性，为接下来叶画制作奠定了良好基础。

寻宝活动扩展了学生对叶片的认知。本环节是为了让学生更多地了解叶片的丰富性、多样性，通过寻宝活动激发学生兴趣，从而增加对叶片的认识与了解。

# 统计叶片数量①

## 一、指导思想与理论依据

义务教育阶段数学课程的设计，充分考虑本阶段学生数学学习的特点，符合学生的认知规律和心理特征，有利于激发学生的学习兴趣，引发学生的数学思考；充分考虑数学本身的特点，体现数学的实质；在呈现作为知识与技能的数学结果的同时，重视学生已有的经验，使学生体验从实际背景中抽象出数学问题、建构数学模型、寻求结果、解决问题的过程。

任务型情境教学是指在课堂教学中，先设置一定的情境，并在情境中根据本节课的要求一步步完成学习任务的一种教学模式。

## 二、学情分析

在园艺心理课题的指引下，我在班级文化建设方面有了很多新的尝试与探索，每个学年，我都会和孩子们一同商议，确定不同的班级文化主题。这个学年我们商定的主题是：遨游在浩瀚海洋。每一个孩子就像一条小鱼，他们有着自己的色彩、梦想、速度、方向……我们的班级就像一片浩瀚的海洋，小鱼们离不开海洋，希望成长中的小鱼们在保有自己个性的同时也能和伙伴们一起探索海洋的奥秘。一个个生动的主题，让学生体验到亲切、温暖的情感，从而产生积极的情绪和良好的心境，在积极向上的精神状态下愉快学习，并能主动克服困难，奋发进取。本教学设计源于全班合力完成叶片创意画的活动，要完成这幅作品，需要收集大量的叶片，而借助条形统计图的形式呈现分类计数的结

---

①授课年级：四年级；授课教师：冯金旭。

果，正是本学期数学课要学习的内容。将鲜活的班级活动与数学学习融合，这是一个绝佳的学习契机，于是便诞生了这一课程主题——统计叶片数量。本主题所要融入的数学内容是人教版四年级上册条形统计图，作为认识统计图的起始课，帮助学生在对比观察中加深认识是教学核心。从数学教学的角度出发，在叶片种类和数量选择上需要教师进行一定的设计，于是在课前，先在班中开展了前期调查，选出了最受大家欢迎的四种叶片以及全班同学最喜欢的两种拼贴方式，作为我们的"班级代言鱼"。

## 三、教学目标

### （一）能力目标

• 　在小组活动时通过对比不同的数据描述方式，使学生发现其各自特点，培养学生的合作意识和创新精神。

• 　在教师给定情境当中，通过小组活动提高学生的认知能力、人际沟通能力、自信心，提升自我效能感和满足感。

### （二）学科教学目标

• 　使学生经历简单的数据收集、整理、描述和分析的过程，在对比观察中逐步达成形象到抽象的演变，真切感知条形图的"细部特征"，初步认识条形统计图。

• 　围绕现阶段班级活动，对活动所需素材（不同种类的叶片若干）收集整理，充分调动学生的探究欲望，体会统计在现实生活中的作用。

## 四、教学准备

资料类：PPT、词条贴纸、统计图磁力教具。
学案类：学习单、四种叶片若干。
学具类：彩笔。

# 五、教学过程

## （一）结合班级活动计划，提出问题

### 1. 出示目标叶画成品图

介绍我们自己设计的"班级代言鱼"："丰彩鱼"和"梧桐鱼"。

回顾班级目标任务：每人制作一对班级代言鱼（两条）

### 2. 提出问题

收集上来的叶片都混在一块儿很凌乱，怎么办？

今天这节课我们就一起合作统计整理出各类叶片的数量。

## （二）合作探究，学习新知

### 1. 借助多种形式描述数据

（1）小组合作探究。

合作任务：数一数每种叶片各有多少。

具体要求：①用三种不同的形式表示统计结果，记录在任务单中；②汇报时向大家介绍你们选用这种形式的好处。

【设计意图】借助小组合作的方式学习简单的数据收集、整理和描述，引导学生用多种形式描述数据，回顾已有学习经验，调动多重感官参与学习。

（2）汇报交流，加深认识。

提问：这样的记录方式有什么好处？还有其他更好的建议吗？

【设计意图】认识描述数据的方式可以是多种多样的。

### 2. 认识条形统计图

（1）逐步引导，在解决问题的过程中感知条形图的"细部特征"。

①感受条形图的简洁。为了更加方便简洁，我们可以用小方块代表树叶，一个小方块就是一片叶子。这时可以根据学生情况灵活引导：小长方形的大小要不要统一？ PPT 动态演示将树叶图片翻过来变成一个个小方块。（最终合成条形）

【设计意图】借助多媒体动态演示使学生感知由形象向抽象的演变过程。

②感受标注类别的必要性。引导学生思考：现在全都是条形，该如何区分呢？我们需要给每个条形注明类别。（PPT 配合出示表示类别的横轴）

③感受确定单位长、标注数据的重要性。引导学生思考：现在类别清楚了，可它们的数量各是多少片？好像又看不出来了，刚才的银杏叶是几个小方块来着？一个小方块表示一片叶子，像这样把单位标注出来是不是就方便多了？现在就能很清楚地看到银杏叶有 9 片、杨树叶有 3 片、梧桐树叶有 4 片、桃树叶有 9 片。（PPT 演示标注数据）

【设计意图】由象形图向条形图的演变是一次抽象，应放慢节奏，使学生真切感知条形图的"细部特征"。

（2）认识（1 格表示 1 个单位）条形统计图。

揭示课题：同学们，你们太厉害了，就在讨论改进的过程中，其实我们已经学会了一种新的描述数据的方式，这就是今天我们要学习的条形统计图。

提出问题，巩固对条形统计图的认识。

问题 1：现在你们知道条形统计图到底有什么用了吗？（用条形的长短表示不同数据的多少）

问题 2：黑板这幅条形图统计的是什么？你是怎么知道的？（标题的作用）

问题 3：条形统计图中还有哪些必不可少的组成部分？（横轴纵轴的含义）

问题 4：从这幅图中你能了解到哪些数学信息？（读图获取信息）

【设计意图】在上一环节的引导过程中，学生已经在不断改善的过程中认识到条形图各要素产生的必要性，为这一环节做好铺垫。

**（三）拓展提升，深化认识**

**1. 认识 1 格表示 5 个单位的条形统计图**

通过我们的共同努力，现在 6 个小组的同学都完成了数据统计，接下来就把大家的统计结果汇总。

|  | 银杏叶 | 杨树叶 | 梧桐叶 | 桃树叶 |
|---|---|---|---|---|
| 1 组 | 8 | 5 | 4 | 8 |
| 2 组 | 6 | 4 | 6 | 9 |
| 3 组 | 5 | 7 | 6 | 7 |
| 4 组 | 9 | 5 | 2 | 9 |
| 5 组 | 8 | 6 | 3 | 8 |
| 6 组 | 9 | 3 | 4 | 9 |
| 全班合计 | 45 | 30 | 25 | 50 |

2.看图读取信息，简单分析数据

结合统计图，你能说说咱们班目前收集叶片的情况吗？

【设计意图】引导学生正确描述从条形统计图中获取的信息，并结合实际需要引导学生对数据作简要分析，体会统计在现实生活中的作用。

## （四）小结

通过学习，你有哪些收获？

# 六、教学反思

## （一）学情判定

为能使教学设计更有针对性，授课前先对本校全体四年级学生做了前测：让他们数一数图中每类水果各有多少个，并用自己喜欢的方式将计数结果表示出来。统计后发现，全年级 241 名同学参与答题，其中近 70% 的学生是用文字或统计表来呈现，26% 的学生是用象形图呈现，还有 5% 的学生能够借助条形统计图呈现。从学生的完成情况不难看出，大部分升入中年级的学生在呈现结果时更倾向于比较简洁的方式（简单统计表），也有一小部分孩子非常喜欢象形直观的呈现形式，而且这些象形图中有很多已经具备了条形统计图的雏形，但他们对条形统计图各细节要素的认识还不清晰。很显然大部分学生对条形统计图这种呈现方式还是相当陌生的。

## （二）教学亮点分析

1.借助小组合作学习方式，充分调动已有学习经验

基于以上分析，我认为：这节认识条形统计图的起始课，我的首要任务是要让学生发现除了以往学习过的呈现方式，表示计数结果时还可以用条形统计图的方式，条形统计图的出现是对以往学习经验的一次抽象演变，这节课的核心就是带领学生顺利完成由直观到抽象的飞跃。于是在合作探究时，我故意将小组任务设置为用三种不同形式记录计数结果，这样设计的目的是想激发学生的探究欲望，借助小组合作的机会让学生相互取长补短，培养他们的合作意识和创新精神；另外，这样设计也是想要能够充分调动起学生以

往的学习经验，向大家介绍每种呈现方式的好处，让学生了解它们的特点和作用。

2. 重视教学中由象形图到条形图的演变过程，逐步引导深化认识

在处理由象形图到条形图的演变过程中，我特意放慢节奏，首先借助多媒体动态演示引导学生画图时可以选用更简洁的图形，把每一片树叶翻过来变成长方形卡片，进而借助问题"如何区分"引出标注类别的重要性；同时继续引导学生发现原来能看出来的个数消失了怎么办，从而引出确定单位长、标注数据的重要性。这一过程的设计意在使学生真切感知条形图的"细部特征"。

3. 结合园艺心理班级活动，从实际出发，创造性使用教材

在巩固环节，我进行了一个大胆的尝试，将例3（以一当五）的学习提前融入本节课。这样设计主要源于本课情境设定需要，要完成统计，必须将各组数据汇总。这样的尝试有一定的挑战性，这个环节以老师引导为主，让学生在学习单中选择合适的单位长度绘图，此时学生只要能够感受到随着统计数据的增大，如果还用1格表示一个单位就不方便了，这时我们可以调整单位的大小，以后就算遇到更大的数据，都可以轻松解决，凸显条形统计图在呈现较大数据时的优势。引导学生结合全班现有叶片统计图，说说从图中获取的信息，结合数据分析的过程，体验统计的意义和价值。

# 叶子告诉我 [①]

## 一、指导思想与理论依据

教育部《中小学心理健康教育指导纲要（2012 年修订）》和《北京市中小学心理健康教育工作纲要（修订）》指出，开展中小学心理健康教育，要以学生发展为根本，遵循学生身心发展规律，要根据学生身心发展的规律和特点及心理健康教育的规律，科学开展心理健康教育，注重心理健康教育的实践性与实效性，切实提高学生心理素质和心理健康水平。要坚持教师的主导性与学生的主体性相结合。要在教师的教育指导下，充分发挥和调动学生的主体性，引导学生积极主动关注自身心理健康，培养学生自主自助、维护自身心理健康的意识和能力。心理健康教育应从不同地区的实际和不同年龄阶段学生的身心发展特点出发，做到循序渐进，设置分阶段的具体教育内容。小学中年级主要包括：树立集体意识，善于与同学、老师交往，培养自主参与各种活动的能力，以及开朗、合群、自立的健康人格；引导学生在学习生活中感受解决困难的快乐，培养学生对不同社会角色的适应。据此，我们将本节课的内容确定为引导个体学会更好地在集体中生活。

本课的理论依据是杜威的教育即生活理论（体验式学习）。杜威的教育即生活，一是要求学校教育与儿童生活相结合；二是要求教育应体现生活、生长和发展的价值，建构一种美好生活，教育要直接参与儿童的生长过程。据此，本课借助叶画活动让学生体验个体行为对于集体存在的价值和意义。

体验式学习是一种以学习者为中心的学习方式，这种学习方式的开展需要通过实践与反思的结合才能获得期望的知识、技能和态度。本课通过对叶

———
① 授课对象：三、四年级；授课教师：尤佩娜、刘梦媛。

子不同要求的摆放，让学生体验到个人选择对集体的影响，进而在体验中学会根据集体目标调整个体选择。

## 二、学情分析

小学生的成长环境比较宽松，学生个性都比较强，容易形成自我中心，缺乏合作等团队意识。

进入中年级以后，家长和老师的权威性逐渐消失，加上此时学生自我意识的萌发，此前在教师家长权威中表现出来的集体意识开始弱化，他们开始重新探索自己在集体中的位置和价值。

心理辅导中也发现，很多中年级的学生开始对自己所在的集体中的人事物有新的想法和认识，开始批判地感受自己和集体的关系。基于此，设计了本课程，希望能够通过体验性的活动，让学生体会到个人对于集体的价值和意义，让其学会更好地处理个人与集体的关系。

## 三、教学目标

• 了解从个人角度出发会带来的困境，学会如何更好地在集体中生活，学会相互配合。

• 通过从叶子摆放到叶画制作，体验个体选择对集体的影响，能够根据集体目标来指导自己的行为。

• 培养学生的集体意识，不仅会展现自我，还具有配合意识。

## 四、教学准备

图片：叶画图片。

学具：卡纸、各种各样的叶子、叶画制作工具。

## 五、教学过程

### （一）选择叶片

首先，请大家在浅盘里找一片叶子，作为我们本节课的课程材料。拿到属于你的叶子之后，你可以看一看手中叶子的形状、颜色。

还可以闭上眼睛摸一摸，感受一下叶子表面是光滑的还是粗糙的，叶子边缘是平滑的还是齿状的；你还可以闻一闻，了解一下这片叶子的气味。

【设计意图】建立个体与叶子的联系，为接下来的课程奠定基础。

### （二）叶子位置我决定

1. 思考并决定叶子位置

你想把自己的叶子放在这张卡纸的什么地方？

学生回答，并在纸上摆出来做示范。

（预设：我想放到纸的中间，我想放在纸的一角）

2. 放好叶子，分享感受

请大家按照自己喜欢的方式将叶子放到卡纸上，然后看着摆放好的画面，你有什么想和大家分享的呢？

（预设：我觉得不好看，我觉得太挤了）

刚才大家明明都是按照自己喜欢的方式放的叶子，为什么大家的感受似乎都不太好呢？

（预设：我们都是按照自己的想法做的，没有考虑到其他叶子，这张纸上有很多片叶子，都这么放，所以就不好看了）

重新调整叶子的位置。

【设计意图】体会个人与集体的关系，感受自我与集体的矛盾。

### （三）叶画美丽有窍门

1. 随意移动

时间到，现在大家就停在你的动作上。

我看到很多同学在移动叶子时有迟疑，我们一起来想一想有什么办法能够解决呢？

2. 叶画粘贴

用一分钟的时间，将小组讨论的结果粘在纸上。

### （四）世界美丽我努力

通过本节课叶子的事例，你觉得在集体中，我们应该怎么和同学们一起生活呢？

同学们写一写，同学代表说一说。

这就是我们这节课的学习内容：叶子告诉我，在集体中，我们不仅要考虑自己的想法，更要注意到集体中他人的感受……只有这样，我们的集体、我们身边的世界才会更加美丽。

【设计意图】将叶子与个人相联系，将叶画制作过程落实到个人与集体的关系中。

## 六、教学反思

通过对叶子的感受，学生很好地建立了和叶子的联结，有的孩子在做的过程中就说"这片叶子是我的……""这是我的，你不能动……""你的叶子压着我的了，不行……"等，充分显示自己对叶子的所有权，突出了叶子的独特，以及个人与叶子的联系，为下面的活动做好铺垫。

通过"叶子位置我决定"中自我意愿的表达，学生很好地体会到了矛盾和冲突，引出了个人与集体的关系。

叶子随意摆放以及由此引发的次生问题（因为小组中大家都在动，我不敢动了，担心我放好了之后，其他人放下后我又不舒服了）的解决，让学生认识到要想让大家在集体中都感觉良好，就需要考虑到所有人的想法，就像最终要做出来的那幅叶画一样，需要考虑到每一片叶子的特点才可以。

# 帮叶子找伙伴 [①]

## 一、指导思想与理论依据

教育部《中小学心理健康教育指导纲要（2012 年修订）》根据不同年龄阶段的学生身心发展特点，分阶段设置了教育内容，其中小学中年级主要包括：帮助学生了解自我，认识自我；初步培养学生的学习能力，激发学习兴趣和探究精神，树立自信，乐于学习；树立集体意识，善于与同学、老师交往，培养自主参与各种活动的能力，以及开朗、合群、自立的健康人格等。《北京市中小学心理健康教育工作纲要（修订）》将中小学心理健康的主要内容分为认识自我、学会学习、人际交往、情绪调适、生涯规划等方面。认识自我方面，要求我们帮助学生认识身心发展特点与规律，了解自己的兴趣、能力和性格特征，学会客观分析与评价自我，形成积极的自我概念。人际交往能力培养方面，要求我们引导学生学会尊重差异，掌握与不同人群沟通交往的基本原则与方法，正确认识友谊与爱情，恰当地处理人际冲突，具备合作意识与能力。本课正是以人际交往能力培养为出发点，引导学生认识差异、尊重差异，学习人际交往的基本原则，树立正确的同伴交往观念。

本课采用体验式心理教育的形式，即学生通过在真实或模拟环境中的具体活动，获得亲身体验和感受，并通过与团队成员之间的交流达成共识，然后通过反思、总结积累为理论或成果，最后将理论或成果应用到实践中。它由"体验、分享、交流、整合、应用"五个密切关联的环节组成。基于此，本课通过体验叶子找伙伴的过程，分享交流过程中的感受和发现，从而学习和了解同伴关系的成因，感受同伴合作中包容、理解的重要。

---

① 授课年级：四年级；授课教师：谷思艺。

人际吸引是社会心理学的重要课题。《社会心理学》(第十版)一书中指出,影响人际吸引的主要因素有接近性、熟悉性、相似性和个人特质。基于此,我们在体验式活动中,带领学生探索同伴交往。

## 二、学情分析

进入中年级以后,家长和老师的权威性逐渐消失,加上此时学生自我意识的萌发,他们对友谊有了新的认识,对同伴也有了更高的要求,更加强调同伴间的相同兴趣、相同态度等,而对不同类型同伴的接纳度也越来越低。基于此,我以接纳不同的伙伴为主题设计了本节园艺心理课,希望能够通过体验性的活动,更好地让学生了解同伴关系建立的成因,学会从多角度看待同伴关系,学会接纳不同类型的同伴,从而更好地处理同伴关系,切实学习如何与人友善相处。

与此同时,学生步入中高年级后自尊心变强,对于自身的问题羞于自我批评与反思。于是,本节心理课借助"帮叶子找伙伴"的方式,让孩子站在第三方的角度审视同伴间的关系。

## 三、教学目标

- 通过活动帮助学生了解同伴交往的规律,以及接纳不同类型同伴的重要意义。
- 通过活动体验、互动分享,促进学生更好地感受同伴接纳、相互合作、彼此包容的快乐。
- 通过活动,引导学习与不同特点的同伴交往,建立积极的同伴关系。

## 四、教学准备

学生:找一片自己最喜欢的叶子,带到课上。
教师:备用叶子、PPT、A4纸、苹果形状卡纸、乳胶/双面胶。
设备:电脑、实物投影。

## 五、教学过程

### （一）感受叶子，建立联系

1. 激趣导入

课前请学生找一片自己喜欢的叶子，并带到课上。

引导学生分享"与叶子的故事"。这一片是你最喜欢的叶子，能说说你和它之间的故事吗？你是怎么找到它的？它为何如此特别？（学生分享）

2. 多感官体验

（1）老师引导学生通过多感官认识自己的叶子，学习从不同角度认识叶子。

看一看：颜色、形状、大小；边缘、叶脉。

摸一摸：质地，光滑或有纹路，饱满的或干枯的。

闻一闻：是否带有清香。

（2）分享

①让学生说说对叶子的认识。

②哪些是你新发现的？发现这些新特点，心情如何？

3. 小结

我们可以通过多种方式、不同角度认识事物。

我们选的这片自己喜欢的叶子，就像我们自己一样，有那么多的特点。

【设计意图】本环节通过多感官认识叶子，一方面是让学生与叶子建立联系；另一方面，让学生初步认识到，像这些叶子一样，我们彼此间也是与众不同的，我们可以从不同的角度认识他人。

### （二）相识一个伙伴

让学生为自己手中的叶子找一个伙伴，并说明理由，最终两人结为一组。

1. 活动说明

（1）1+1结组：为自己的叶子找一个伙伴，两人一组。

（2）摆放：两位主人坐在一起，两片叶子一起放在白纸上。

（3）仪式：两位主人击掌，并同时喊出"成功"。

2. 学生分享结组理由

你们的叶子是怎么相识、走到一起的？（投影展示，学生分享）

（1）类似：因叶子长得像而走在一起，即因为"类似"而成为伙伴。

（2）互补：因为叶子一大一小、一宽一窄而走到一起，即因为"互补"而成为伙伴。

（3）互助：因为两片叶子可以拼出一条小鱼、组成一幅画而走到一起，即因为"互助"而成为伙伴。

（4）相近：我们坐得很近，叶子的主人彼此间是好朋友，所以两片叶子走到一起，即因为"相近"而成为伙伴。

（5）要求：（外力）因为没能与他人结组，被迫剩下了而走到一起，即因为"要求"而成为伙伴。这些因素对于叶子而言都是外力、偶然的因素。

3. 小结深化

我们会因为各种原因而走到一起。

这千差万别的理由，让我们结识了更多的朋友，多了更多认识他人的机会。我们因此而相识。

【设计意图】本环节通过给叶子找伙伴，让学生借由叶子反思自己的同伴交往过程。同时学习和认识同伴交往的基本规律，以便更好地学会接纳他人。

## （三）朋友的朋友

1. 活动说明

（1）2+2 结组：带着刚才的小伙伴，找到新朋友。

（2）作画：4 位主人坐在一起，4 片叶子一起摆成一幅画。

（3）讲故事：请 4 位主人讲述一个故事。

2. 学生分享

（1）叶画故事。

（2）你们在过程中遇到了什么困难？怎么克服的？

（板书：调整角色、发挥优势）

3. 小结

我们能接纳不同的伙伴，即使彼此有差异，也能积极接纳、各自调整、彼此包容、互相弥补，我们学会了快乐相处。

【设计意图】在认识到同伴相识的各种原因后，进一步了解同伴相处的策略。让学生通过体验活动认识到，我们可以彼此接纳、彼此包容、各自调整、互相弥补等，从而变得更亲密，相处得更愉快。

### （四）总结，梳理板书

完成友谊果，班级共情。

树干——相识的原因

树枝——快乐相处的策略

苹果——"友谊果"叶画

【设计意图】通过板书设计进一步帮助学生梳理本课所学，并鼓励学生将本课从叶子中获得的启示运用到日常生活中去，学会接纳他人、互助合作，友善地对待他人，创建良好的同伴关系。

## 六、教学反思

以往的同伴交往活动，多是以"学生参与活动，在活动中进行自我反思与总结"为主，让学生通过活动进行自省，从而达到教育目标。而小学阶段的学生，自我反省的能力较弱，很难或不愿进行自我批评，害怕直面遇到的问题。

在这样的情况下，我尝试创新，以叶子为主体，让学生以叶子的主人身份，站在第三方的角度审视"叶子交往"中遇到的问题并进行反思。这样的设计，让学生能更好地放下顾虑，真诚面对遇到的问题。

例如，给叶子找伙伴的环节中，最后难免会遇到被剩下，迫不得已才结为一组的情况，这样的情况放在其他以学生为主体的活动中，给学生的是一种"不被重视""不受欢迎"的不良心理体验。而本活动借由叶子消除了这样的不良体验，转而让学生尝试接纳"这样的情况在所难免，这是一种偶然的因素，这也是我们同伴交往中可能遇到的情况"。帮助学生缓解不良的情绪体验，直面生活中的问题。

课后我对学生进行采访时发现，学生们感触最深、触动最大的是第一和第二个环节，即"多角度认识叶子"和"为叶子找个伙伴"。有的孩子说："每天的生活中都在认识不同的事物，已经习以为常，但今天的小活动让我意识到，原来就算面对这样熟悉的事物——叶子，也还有很多我从来没有关注到的方面，原来我们还可以从更多的方面和角度认识周围的事物。"还有的孩子说："我原来一直觉得找伙伴就是自然而然的事，今天的活动让我惊讶地发现，没想到每一对走到一起的伙伴背后还有这样不同的理由。"

一片叶子的启示，借由叶子审视自己，尝试接纳不同的伙伴，学习合作，学会谦让，建立更好的同伴关系。这正是小学四年级学生们心中的友善，善于理解他人，善于与他人合作，友善而有爱。

# 用心赞美　花香四溢 [①]

## 一、指导思想与理论依据

《北京市中小学心理健康教育工作纲要（修订）》指出，在认识自我方面，要帮助学生认识身心发展特点与规律，了解自己的兴趣、能力和性格特征，学会客观分析与评价自我，形成积极的自我概念。在人际交往方面，要引导学生学会尊重差异，掌握与不同人群沟通交往的基本原则与方法，正确认识友谊，恰当地处理人际冲突，具备合作意识与能力。

学生自我意识的发展过程是个体不断社会化的过程，也是个性特征形成的过程。小学阶段是人的自我意识的客观化时期，能否正确认识并悦纳自己，直接关系健康心理的养成，直接影响人际交往。然而，研究发现能否真心欣赏他人，源于是否悦纳自己。所以，我们对待他人的态度，往往是一种心理投射，苛求完美的人，只是害怕自己会做错，不允许自己做错；对他人的挑剔，实际上是因为对自己的苛刻。欣赏自己，是对自己的一种接纳，也是对自己的重视和爱；而对他人的欣赏和赞美，势必引发期待效应，会让欣赏者成为受别人欢迎的人，从而建立良性的人际交往环境。良好的人际交往关系对于三年级学生来说尤为重要。

## 二、学情分析

三年级学生处在对自我认知和对他人认知模糊的阶段，看别人的角度也不会特别客观，不太善于表达自己对别人的欣赏。三年级开始班级特别设立

---

① 授课年级：三年级；授课教师：谷思艺。

了"美言录",每天欣赏自己的同桌,并在记事本上为同桌写下一句美言(鼓励或称赞)。观察统计发现,孩子们对他人的鼓励或称赞比较单一、浅显并缺乏主动性,缺少欣赏他人的方法。为此特别设计这样一节班级活动课,为学生们创设一个契机,特别是传递欣赏环节,能充分调动学生的这种潜质,为学生学会人际交往奠定基础。同时教给孩子们欣赏他人的方法,帮助他们更好地了解他人,发现他人的优点与美丽之处。

## 三、教学目标

- 了解什么是欣赏及如何去欣赏,认识到学会欣赏自己和别人的重要意义。
- 感受欣赏给自己及他人带来的快乐体验;懂得欣赏自己和他人。
- 学习发现和欣赏同学的优点。
- 学会欣赏自己和他人的方法后,将课堂中的"美言之花"活动延续,在班级中持续。欣赏周围的同学,让"美言之花"持续绽放。

## 四、教学准备

教具类:鲜花花瓣、绿色彩笔。
资料类:PPT、发言提示卡——"火眼金睛"环节的"特征问题"。
学案类:"美言美生活"创作单。

## 五、教学过程

### (一)暖身:鼓掌游戏

- 三六群英爱的鼓励开场。

"嘿,嘿,群英班,乐观真诚,加油!"

- 用手拍节奏:嗒、嗒、嗒嗒嗒,同时,配合拍手的声音大小(即:拍手声小,口号声小),喊出口号"嘿、嘿,你真棒"。
- 具体规则:

（1）第一次两只手各一个手指，拍节奏；

（2）第二次增加一个手指，各两个手指拍节奏；

（3）第三次再增加一个手指，各三个手指拍节奏；

（4）第四次两只手五个手指拍节奏。

- 总结、过渡：真诚的掌声可以给人带来鼓舞，真心的赞美可以给人力量。

【设计意图】激发学生热情，体会鼓励、赞美的力量。

### （二）美言之花

- 将过去两周中的"美言"整理好，用言语表达给同桌。

- 赞美一句，就在同桌的创作单上贴上一片花瓣。

- 活动开始，教师观察巡视。

- 分享感受

（1）听到他人对自己的欣赏你有什么感受？

（2）被欣赏者：你最喜欢哪一点欣赏？为什么？

（3）欣赏他人者：你是怎么做到的？

- 根据分享进行总结

（1）一阵掌声、一个鼓励、一句赞美，都是在表达对他人的欣赏，能给我们带来很多的能量。

（2）真诚的鼓励和称赞也是要有方法的，表达欣赏还有哪些方法？

【设计意图】通过同桌互相称赞、鼓励，感受欣赏别人和接受欣赏的体会，为后面了解欣赏别人的方法做铺垫。

### （三）主题活动一：火眼金睛

- 规则说明：同桌两人为一组，若同桌的特征与教师的提问相符，请举手。

- 教师问问题，问题由外到内，层层深入。引导学生通过细心观察外貌、行为、交流沟通［询问、倾听、互动感受（生活中共同经历的事件）］的方法了解他人，从而更好地欣赏他人。

- 分享感受：你是如何了解你的同桌的？
- 总结：根据学生的回答，进一步提炼总结。

（1）方法：细心观察、交流倾听、互动感受。

（2）角度：

外在特点——外貌漂亮、衣服干净、坐姿规范、声音甜美……

内在品质——性格、兴趣爱好、优秀品格……

观察了解他人后，我们自然就会对这个人表达我们的欣赏。

- 过渡：方法像花枝，不同的角度像花枝上的嫩叶，"枝"与"叶"帮助我们发现他人的优点，层层托起美丽的"美言之花"。

【设计意图】引导学生学会细心观察、交流倾听、互动感受的方法，了解他人的爱好专长、性格特点、内在品质等，从而学会如何欣赏。

### （四）主题活动二：花香四溢

- 在音乐声中为"美言之花"补上"花枝"与"嫩叶"，完成花画创作；也可以补充你的新发现——新的"花瓣"。
- 音乐声中将你的"美言之花"送给同桌。
- 感受自己得到的欣赏：哪个欣赏是你没有发现的？
- 分享感受。
- 扩大范围全班送花瓣，补充花画。

【设计意图】让学生感知受到赞美很快乐，送出欣赏同样会快乐。

### （五）总结：爱的反馈

同桌面对面，彼此诉说："嗨，嗨，×××（同桌的名字）……（一句想对他说的话）谢谢你，谢谢你（拥抱或拍拍背）！"

【设计意图】让学生体会赞由心生，赞美让我们彼此快乐。

## 六、教学反思

课程在爱的鼓励中拉开序幕，学生在这样的氛围中，随着课程慢慢悦纳自己、欣赏他人。"火眼金睛"的主题活动，看似考察观察力，其实是通过活动体验，让学生感受可以通过不同的方式认识他人，即从不同的角度去观察他人。在学习发现他人优点的同时，学生也学习了如何认识自己；在赞美与鼓励他人的同时，自己也收获着来自伙伴的赞美与鼓励。有助于学生建立积极的自我认识，建立积极的同伴关系。

如何延续课堂所学？如何引导学生在日常生活中保持对他人的欣赏？可以设计系列课程。

# 我喜欢我自己 ①

## 一、指导思想和理论依据

本课坚持"立德树人"的根本任务，以"健康第一、生命至上"为指导思想，依据《中小学心理健康教育指导纲要（2012 年修订）》和《北京市中小学心理健康教育工作纲要（修订）》，结合二年级学生认知及身心发展规律设计本课。

社会心理学家奥尔波特把个体自我意识发展阶段分成生理自我、社会自我、心理自我三个阶段。二年级的学生正处于社会自我阶段，从轻易相信他人的评价逐渐过渡到自我独立评价阶段，学生的独立性、判断性、原则性正迅速发展，而且学生对道德行为的判断能力也达到了比较高的水平。根据这一理论，本课借助叶子为载体，依据循序渐进的教学原则，采用体验式活动的教学方法帮助学生发现自己的特点，使学生从师生、生生互动评价中获得同伴的欣赏与认同，悦纳自己，体验集体归属感，帮助学生增强自我意识，提高自我认知能力。

## 二、学情分析

二年级学生的自我意识发展阶段为社会自我阶段，由于年龄较小，他们的自我评价更多依赖他人，逐步会向独立自我评价发展。当进入小学，他们接收到的不再是家人的单一评价，还会有学校老师和同学的各种评价。这种评价间的差异，使学生产生自我怀疑。通过本课开展的一系列活动，学生认

---

① 授课年级：二年级；授课教师：丛嘉祥。

识到每个人的不同，每个人都是有特点的。在课上，学生发现自己被同伴欣赏和认同，增强了集体归属感，也学会了接纳自己，增强了自信心。

## 三、教学目标

- 让学生知道每个人都是不同的，有自己的特点。
- 通过活动，学生发现自己的特点被同伴欣赏和认同，从而接受自己、喜欢自己。
- 培养学生积极乐观的心态，增强集体归属感，提高自我认知能力。

## 四、教学准备

教师准备：各种各样的树叶、学习单。
学生准备：彩色铅笔、胶棒。

## 五、教学过程

### （一）课程导入

教师提问：今天我们的课桌上多了许多新朋友。你们发现它们了吗？
学生回答：叶子。
教师小结：没错，我们将和这些叶子一起来完成这节课。
【设计意图】开门见山，将园艺主题引入本课，为接下来的课程做铺垫。

### （二）每片叶子都不同

教师引导：我们先看看叶子吧。
学生观察叶片。
教师引导：叶子都有生命，请你温柔地对待它，慢慢地从盘中拿出一片叶子，让它静静地躺在你的桌面上。
学生取叶子。
教师提问：现在这片叶子已经不是盘中的叶子了，而是属于你的叶子。

现在请你仔细地看看它，轻轻地摸摸它，跟它说一句悄悄话，去感受这片属于你的叶子。

学生感受叶子。

教师引导：这片叶子会陪我们完成整节课，但现在它要暂时跟我们分开一下。请你把它放回桌上的盘中。请每组组长起立改变盘中叶子的位置。

教师引导：请你再次从盘中拿出你刚才拿的那片叶子，把它放在桌子上。

教师提问：你是怎么找到它的？

（预设：我的叶子更大，我的叶子是黄色的……）

教师引导：刚才同学们通过分辨颜色、大小、形状、边缘、气味、柔软度甚至是叶子上细细的叶脉找到自己的叶子。你发现了什么？

（预设：每片叶子都不一样）

教师小结：是的，每片叶子都不一样，每片叶子都有它的特点。

【设计意图】通过找叶子活动，跟叶子建立联系，让学生发现每片叶子都有自己的特点。


（三）我和别人不一样

教师提问：其实在我们身上，有一个部位和叶子特别像，你知道是哪里吗？

学生回答：手。

教师出示学习单并引导：下面就把我们的手画在纸上吧。

学生画手形图。

教师提问：相互看看画，你有什么发现？

学生回答：手掌有大有小，手指有粗有细、有长有短。

教师引导：是的，我们手的大小和形状都不太一样。其实，我们的手还有其他不一样的特点呢，请你再仔细观察。

学生相互观察手并回答问题：指甲、纹路、肤色……

教师提问：原来我们的手有这么多的不一样。我们的手是这样，那我们人呢？

（预设：外貌不同）

教师引导：除了刚才说的外貌不一样，那还有没有其他的不一样？

教师小结：我们的外貌、性格、爱好、特长等这些都不一样。我们跟叶子一样，也有自己的特点。我们来把这片属于自己的不一样的叶子，贴到我们的手掌上吧。

【设计意图】充分跟叶子建立联系，绘制手形图，发现自己跟叶子一样也具有特点，每个人都不一样。

### （四）我的特点我发现

教师引导：下面我们通过完成刚才的手形图来发现自己的特点。

教师出示活动图示。

大拇指：名字。

食指、中指、无名指：请在你的特点中选择三个你最喜欢的写在手指上。

小指：暂时空下来。

学生绘制完成手形图。

教师提问：如果老师没有时间限制，让同学们随意写自己身上喜欢的特点，会怎么样？

学生回答：会写很多很多。

教师引导并过渡：每个人身上都有很多自己喜欢的特点，可见我们很喜欢自己。

【设计意图】通过绘制手形图，发现自己的特点，更加了解自己、喜欢自己。

### （五）我更喜欢我自己

教师引导过渡：这些特点可能不光我们喜欢，也许别人也喜欢。下面我们通过一个小活动，看看还有谁也喜欢你的特点吧。

教师说明活动要求：

（1）在小组中分享自己喜欢的特点；

（2）如果 TA 的特点你也喜欢，请给 TA 贴上拇指贴；

（3）如果你还发现 TA 有其他你喜欢的特点，请你帮 TA 写在小指上。

教师提问：当你知道别人喜欢你的特点时，你的心情怎么样？你有什么想说的？

教师小结：通过这个活动我们发现，我们喜欢的特点，其实也被身边的伙伴所喜欢。有了伙伴的欣赏和认同，我们的特点变得更有意义，我们也会更快乐，更喜欢我们自己。

【设计意图】发现自己喜欢的特点也被伙伴们喜欢，接纳自己的同时更加喜欢自己。

## 六、教学反思

本课从叶子引入，建立学生与自然的联系，激发了学生的学习兴趣，使学生快速融入课堂活动。园艺主题贯穿始终，通过观察叶子的不同，学生发现每个人都是不同的，每个人都有自己的特点。教学内容层层深入，活动环节紧扣，使学生不断进行自我发现和自我认知。

本课设计了三个学生活动，贯穿全课始终。在"找叶子"活动中，让学生发现每一片叶子的不同，再通过"我手知我心"活动，从叶子联系到我们自身的特点，最后通过"给他点个赞"活动，让同学们知道自己的特点被别人所欣赏，从而使学生更好地接纳自己、喜欢自己。通过这三个活动，增强学生的自我认知，培养学生积极乐观的心态，达到本课的教学目标。

良好的课堂氛围可以激发学生的学习热情，使其全身心投入学习中。在本课中，师生、生生互动，让学生一直保持强烈的参与感，做课堂的小主人。点赞环节中，通过贴拇指贴，学生发现自己的特点被伙伴喜欢，或因特点相同，彼此能变为朋友，使学生产生强烈的归属感，创建了一个积极温馨的环境，营造了良好的学习氛围。

本课的教学，在认识自己的特点上，时间分配应该更长点，让更多学生分享自己的特点，体会更加深入。另外，关注课堂上的个别学生，可以在小组活动中和他一起互动，尽可能地照顾到每一个学生。

# 树叶拓印 ①

## 一、指导思想与理论依据

教育部《中小学心理健康教育指导纲要（2012年修订）》和《北京市中小学心理健康教育工作纲要（修订）》指出，中小学要采取多种途径和方法开展心理健康教育，注意发挥各种途径和方法的综合作用，增强心理健康教育的实效；将心理健康教育贯穿学校教育教学全过程，全体教师应自觉在各种教育教学过程中遵循心理健康教育规律，并将心理健康教育与学科教学、班主任工作、班团队和学生社团活动、社会实践等有机结合，开展适合学生特点的心理健康教育活动。

将园艺心理与多学科进行融合，既提高了学生的参与度，又扩大了教育的感染力。这样的教学模式，使学校的教育不只是立足于学科知识，更重要的是培养学生能够适应终身发展和社会发展需要的必备品格和关键能力。"树叶拓印"课程在观察植物特点的同时表现植物的美，通过动手实践，给我们精神上的寄托和安慰。本课有效激发了学生的学习兴趣，帮助学生掌握有效的学习方法和策略，培养学生的探究意识和创新精神。

## 二、学情分析

学生在美术课堂中学习过"美丽的植物"一课，了解了植物世界的美丽和神奇。学生运用颜色的深浅变化，创作的植物作品形态各异、色彩丰富，表达学生对植物的喜爱之情。

---

① 授课对象：三年级；授课教师：韩春明。

本课通过观察多种植物树叶的外形，运用纹理表现情绪的变化，让学生学会用颜色和画面来表达情绪。

## 三、教学目标

- 通过欣赏与制作活动，提高学生的审美和创造力，培养学生热爱大自然的情感。
- 通过多种树叶的拓印尝试，体验树叶表面纹理的美感，感受拓印活动的乐趣。
- 通过对不同叶形的观察与组合，进而对不同的事物进行奇妙的联想。

## 四、教学准备

资料类：PPT、学生拓印作品。

学具类：油画棒、宣纸、各种不同外形的树叶。

## 五、教学过程

### （一）激趣导入

教师用一张宣纸盖住一片树叶，左手固定画纸，右手用油画棒均匀涂擦，很快显现出漂亮的纹样。

教师提问：这种神奇的效果是如何展现出来的？

学生议论回答。

小结：对，是拓印出来的，今天我们就用树叶来拓印画。

【设计意图】出示课题，明确使用树叶进行创作。

### （二）探究学习

1. 了解、认识拓印

拓印就是最早的印刷，我们书上的文字，现在是印刷厂印出来，是靠电脑制版的，过去是人工将一个个的小铁字排成版后再印刷，古代是在石头上刻字后印刷，也就像拓印一样。

2. 发现叶子特点

请同学们将准备好的树叶拿出来，仔细观察，说说它的特点。

（预设：颜色、形状）

【设计意图】通过观察，发现叶面的纹理特点。

3. 学生初步体验

怎样拓印出清晰、好看的纹理？

（预设：拓印要用力均匀，线条方向一致）

4. 教师演示（切换实投）

叶子背面朝上，设计摆好叶子。

蒙上宣纸，用彩色油画棒进行拓印（结合自己的心情选择颜色）。

在拓印好的画面上可以添加几笔，使画面更有趣。

【设计意图】情绪是五颜六色的。

## （三）艺术实践（小组合作）

小组合作，通过讨论、拼摆，结合树叶的外形，用宣纸、油画棒共同拓印出一幅纹理清晰、构思巧妙、有美感的作品。

【设计意图】在实践过程中，学生学会沟通，互相谦让。

## （四）学习效果评价

展示学生的作品，并对作品进行自评和互评。评价要点：拓印清晰，构思巧妙，有美感。

【设计意图】培养学生互相配合的能力。

说说在创作时的想法和心情如何？

（预设：我喜欢绿色，我认为绿色充满希望，它是希望的颜色；我喜欢暖色，心中充满阳光，所以我多用了橙色表现）

一般在情绪低落、烦闷时，比较倾向于冷色调，多看暖色系的颜色时，心情会好些。希望同学们在心情不好的时候多看看暖色调的色彩，进行心理调节。

【设计意图】情绪是五颜六色的，这是我们人的正常反应。

## （五）小结

除了树叶拓印画，树皮、花等植物都可以拓印，希望同学们平时多观察、多尝试，通过颜色和画面内容表达不同的情绪。

# 六、教学反思

"树叶拓印"这节课是以树叶这一特殊、有趣的材料为表现元素，旨在引导学生发现树叶形态的美感，启发学生通过探究学习，创造出多种叶形的组合。同时通过颜色的选用，表达自己当时的心情。同学们在参与过程中把自己的所想所感表现出来，从中获得美术创作的乐趣。

在拼摆创造环节，可提醒学生课堂前用双面胶固定，反面向上（尽管在教师演示部分让学生感受过树叶正反面凹凸感的不同，也提醒过学生要把反面向上，但很多学生在拼摆的时候还是会忽视树叶正确的摆放方式），这样更有利于拓印清晰。在拓印环节，一些同学不太明白怎样拓印效果是好的，教师在课前提醒学生在家中提前感受拓印。

在欣赏拓印画的时候，可引导学生选择多种颜色来表现画面。如果选用浅色油画棒来涂，拓印会不清晰，效果不佳。以后对于色彩的训练需要落实到具体课堂。学生在添画时有一定的局限性，要多引导学生，发挥学生的想象力，拓宽学生的思维。

加强合作意识。学生在创作时，两个人的配合还不是很默契，在以后的教学中多给他们创设机会，形成互帮互助的良好意识。

# 木板变形计 ①

## 一、指导思想与理论依据

教育部《中小学心理健康教育指导纲要（2012年修订）》指出，在中小学开展心理健康教育，是学生身心健康成长的需要，是全面推进素质教育的必然要求。其中明确指出小学高年级心理健康教育的内容包括帮助学生正确认识自己的优缺点和兴趣爱好，在各种活动中悦纳自己；着力培养学生的学习兴趣和学习能力，体验学习成功的乐趣；培养学生分析问题和解决问题的能力。据此设计本课程。

本课主要依据杜威的教育即生活理论、"在做中学"方式来设计的，杜威认为教育要培养身心全面发展的学生，把学生看作具体的、能动的人，尊重他们的人格和生命。本课借助创意木工活动为学生提供发现自身天赋、展现自身才能的机会。

"在做中学"是以学习者为中心的学习方式，让学生在实践中学，在动手做中去学。学习者要有一种"经验的真实情境"，在情境中促使学生思考真实的问题，能找到解决问题的方案并实施。本课让学生根据边角料木板的形状设计制作有创意的作品。学生对此非常感兴趣并乐于动手。"木板变形计"制作使学生了解木工制作的工具、使用方法等，培养学生的想象力、动手能力和创新意识，提升学生自信心和成就感。

## 二、学情分析

高年级学生对于手工创作有浓厚的兴趣。我校高年级学生已经有了使用

---

① 授课对象：五、六年级；授课教师：张文芳。

手工锯的基础，学生基本掌握了直线锯、曲线锯、砂纸、木锉、乳胶等工具的使用。由于学生的动手能力比较差，需要老师加以指导，这节课以用边角料创意作为主题，激发学生学习与实践的兴趣，不断提高其创意能力和合作能力。

## 三、教学目标

· 通过用边角料设计、制作创意作品，培养学生环保意识和创新思维能力。

· 用给定的材料，正确使用工具制作有创意的作品，提高学生自信心和满足感。

· 通过分享制作过程、创意构思，让学生感受到每个人的创意潜能是无限的。

## 四、教学准备

资料类：PPT。

学案类：学习单。

学具类：边角料木板、圆规、直尺、彩笔、铅笔、橡皮、乳胶、曲线锯、砂纸、木锉、托盘等。

## 五、教学过程

### （一）活动导入

展示一组木工作品（PPT），你有什么发现？

这些作品是用什么工具、用什么方法制作的？这些作品完成后剩余的边角料都去哪里了？

出示题目：木板变形计。

制作完成一件作品的步骤有哪些呢？

（预设：制作步骤：设计—锯割—打磨—上色—拼装）

【设计意图】本环节通过欣赏学生的木工作品，知道木工制作后会剩余很多边角料，可以利用边角料创意设计独特的木工作品。

### （二）设计、制作

- 观察托盘中的边角料，你有什么发现？

（预设：这些边角料有的地方比较规整，有的边缘不规则，有的木板上留有我们之前制作作品的外形。在设计新的作品时，我们会遇到哪些困难呢？）

- 小组讨论：怎样利用这些边角料进行设计？根据自己的创意合理选择木料，注意要有你独特的设计与创新。

教师巡视点拨。

（预设：利用剩余空板；原图；拼插立体图形）

- 交流创意设计。

- 有了这么好的创意之后，接下来就是用到曲线锯进行制作了，用曲线锯的基本要领是什么？

（预设：基本要领：扶稳、垂直、匀速、转料；锯割口诀：起锯准、行锯稳、收锯慢）

温馨提示：合理排料、节约用料；认真制作、保证质量；操作过程中注意安全。

作品要求：能正确使用工具；作品边缘整齐、无毛刺；新颖、独特、有创意。

- 学生动手设计制作创意作品。

【设计意图】让学生设计富有个性的木工作品，锻炼学生的创新思维能力。

### （三）分享创意作品

老师看到了很多具有创意的木工作品，现在请同组的同学互相欣赏。请学生分享一下自己的木工创意作品。

通过刚才的分享，发现同学们设计的作品构思巧妙、创意独特。在完成作品的过程中，学生使用工具更加规范了。

【设计意图】通过分享制作过程、创意构思，学生感受到每个人的创意潜能是无限的。

## 六、教学反思

本节课利用边角料让学生设计制作有创意的木工作品，通过分享创意构思、制作过程，让学生感受到每个人的创意潜能是无限的。

常言道：授人以鱼不如授人以渔，创意木工的学习是一把开发学生智能的金钥匙，也是学习取得成效的必要条件。教育要达到的目标之一就是要教学生学会学习。在本课中，学生通过观察、体验、探索完成了作品，这样的过程也是一次快乐感受、探索、发现的过程，在潜移默化中锻炼了各方面能力。因此，在整个教学过程中，孩子们始终保持着积极、自主的态度，自由地观察、欣赏，自主地尝试、体验，与伙伴一起讨论、合作。学生的创造力在不知不觉中被挖掘激发，整个课堂氛围活跃、轻松、平等。

学生在创意木工过程中不仅成功地解决了问题，还获得了知识和力量，提高了自制力，增强了自信心和幸福感。

# 园艺心理探索与成长

## 下 篇

### Part Two

# 第四章

# 园艺心理新探索

# 青青绿色伴成长

## ——园艺心理特需生个体辅导 ①

最初接触园艺心理项目，我认识到，在集体种植活动中学生能收获成长。那么园艺介入特需生个体辅导是不是也可以尝试呢？我在开展学生个体辅导的过程中，借助相关园艺活动，激发学生内心的心理能量，使其能更好地融入集体中。

## 一、学生情况分析

班级中有两个很特别的孩子，一个是"混世魔王"小多，稍有不顺心就对同学拳脚相向，在课堂上捣乱，其他孩子都不愿意和他交朋友。通过深入了解孩子的家庭背景后，我得知孩子家里有了二宝，妈妈对他关注减少了。小多通过制造麻烦来引起家长的注意。孩子打人、捣乱等行为问题的背后是爱和关注的缺失。但是这个孩子极其聪明，在老师足够关注的时候也努力做一个听话的孩子。

另一个叫小蘑菇，从入学第一天起她就一言不发，不会上厕所，不和同学交流，行为稍显刻板。但是走出校园，孩子却能和妈妈有说有笑，放学离队能和老师说再见，校内校外表现反差极大。同时，小蘑菇是个小小矛盾体，既想得到表扬又害怕过度的关注，在老师表扬她时她表现得很高兴，但是如果对她关注度过高，她马上紧张又胆怯。这样一个和学校环境格格不入的孩子最让我心疼，我也急切地想帮助她。

小多，行为问题的背后是在求关注、求关爱。他犯了错误后，老师和家

---

① 本文作者：李秋敏。

长的关注让他有了存在感和关注度，从某种程度上来说，强化了他的错误行为。同时，这些打人和破坏行为让同学很不喜欢他，小多在班级里没有朋友，也就缺少了和同学的情感联系，对同学动手也就没有了顾忌。想让他交到朋友进行正常的班级活动，培养耐心是最大的问题。

小蘑菇在适应学校环境方面的应激反应太过强烈，对学校环境不适应就拒绝融入，同时小蘑菇通过沉默和不接触来进行自我保护。面对小蘑菇，应该减少孩子对校园环境的抵触情绪，建立和班级同学的情感联系；但是在活动中又不能对她有特别的关注。

## 二、活动实施

### （一）小手牵小手，建立情感联系

我让孩子从最简单的植物移植开始，让小多带着小蘑菇把小豆苗移植到班级小菜园，先让两个孩子互相熟悉起来。老师充分相信小多有足够的能力带着小蘑菇完成整个活动，同时，让小多点评小蘑菇的表现。小多不再是捣蛋鬼，而是一位"小老师"了，他参与活动别提多积极了。

最开始小蘑菇几乎是小多生拉硬拽下参与活动的。等种植完成了，小蘑菇仿佛松了一口气，如释重负。通过和小蘑菇妈妈的沟通，知道孩子回家后和妈妈说自己在学校种了小豆苗，很开心。慢慢地，每周两次的给小豆苗浇水的任务中，小蘑菇开始配合小多一起浇水了，小蘑菇脸上有了笑容。这种发自内心的开心是植物赋予的神奇力量，也是朋友的守望相助，这让我很惊喜。对于小多，我看到了他在帮助小蘑菇时候的耐心和爱心，面对同学时不是选择拳头而是鼓励，在我给他肯定的时候，他也感受到了我的爱和关注，并且把这个爱分享给了小蘑菇。这样的爱，是对于他正确行为的强化，小多在班级中的好行为也越来越多了。

### （二）长期关注特需生的心理变化

一个学期的活动结束了，新的学期伊始，乘胜追击，在小多的建议下，我带领两个孩子开始发豆芽，培养种植自己的小植物，延续了第一个活动的好模式。活动全程都是小多主导，我在旁指导，小蘑菇为主力，师生三人一起完成了豆芽的第一次泡发。这期间，我还得到了两位家长的大力支持，家校沟通的小问题也迎刃而解了。

但是，发豆芽活动只是一个起点，培养植物是一个长期的过程。我让小多定时带小蘑菇去给植物浇水，培养他的耐心。他精力过剩，我就鼓励他写观察日记，画一画豆芽的小变化，写一下自己的小收获。

后来，在豆芽的泡发时天气比较热，有些豆子坏掉了，我们就针对生命教育进行了一场讨论，查找资料，总结我们在这次活动中做得不对的地方。首先，我作为老师检讨了自己的问题，我对发豆芽的过程中需要避光没有了解。让小多和小蘑菇知道老师也会有错误，也会有做不好的事。只要我们能在失败中学到知识，那失败也是有意义的。与其在失败中懊恼，不如想一想我们怎么补救这个错误。第二天，小多找到我建议，学校的一米菜园活动正如火如荼地进行着，是否可以重新把豆子种到菜园里。征得我的同意，小多带着小蘑菇把已经长芽的可以存活的豆子挑出来，种进我们班的小菜地。每天去观察小豆苗也成了小多的心头大事，关注点变了，孩子的行为问题也少多了。

## 三、搭建平台，树立自信

在园艺活动的效果给我带来欣喜之余，我也进行了反思，是不是所有的植物活动都适合每一个孩子？园艺给孩子带来的改变是一时的，还是长期的？我希望植物不仅是老师向孩子表达爱和关注的媒介，所以我对园艺活动进行了改进。

我们班有一个聪明、知识面广但是自我管理能力稍差、做事拖沓的"小科学家"。我针对这个平时就对科技园艺有浓郁兴趣、但是在纪律和学习上还有一定困难的"小科学家"设计了新的园艺活动方案。

正好我给班级买了十几盆绿萝，正在发愁怎么让孩子进行养护和管理，我向"小科学家"求助。我请教了孩子几个植物养护的问题，赞叹他科学知识丰富得让我都自愧不如。我请"小科学家"给我们班级里的其他学生介绍一下绿萝的养护，开设一个绿萝护理的"微讲座"。

给大家讲讲绿萝的知识？这可让平时各种表现都欠佳的"小科学家"来

了兴致，回家又是查资料又是请教植物专家姥爷，又是做PPT、做小报，最后完成了精彩讲座。通过这次活动，孩子找到了自信心，园艺活动给孩子搭建了平台，让更多的同学发现了他的闪光点，同时提升了孩子的自我认同感。我乘胜追击让他担任班级植物养护员，每天负责班级的植物养护工作，利用孩子对植物的兴趣，树立自信。

为了改正孩子做事拖沓、不能按时完成作业的问题，我设计了一个植物管理表，让孩子对什么时候浇水、什么时候施肥进行规划和记录，就是这样的每天记录、规划管理，让孩子做事有了条理。语文课上的听写也能从几乎不会写到基本不出错，作业也补齐了，字迹也越来越清晰工整，语文单元测验也从六七十分提到九十多分，家长都觉得孩子像变了一个人，这让我无比欣喜。

## 四、活动反思

让学生成为园艺心理活动的主导，针对个别生的心理和性格特点量身定制活动内容，让孩子在参与活动中建立自信心，提升对自己的要求，园艺搭台，学生唱戏。

优秀的园艺活动，让我们认识到了植物的力量、孩子的力量，给了我不断尝试的信心和动力。

# 一颗草莓的力量

## ——对班级个别生辅导启示 [1]

2016 年，我有幸加入史家实验学校。作为一名初入校园的新老师、新班主任，我和园艺项目一样像牙牙学语的孩子。几年过去了，园艺心理项目就是我教师职业成长的"见证者"和"小导师"，感谢可以与园艺心理相伴，与孩子们共同成长。

## 一、与园艺心理相遇的契机给予我的"惊喜"

一年级的学生，对学校生活充满着新鲜感。别看他们人小，但很有责任感。一年级第一学期我便设立了班级的"植物小卫士"，安排了 6 名同学，为他们讲了一些绿植护养的知识，让他们负责照顾班里的绿植，定期为班里的绿植浇水。孩子们有模有样的，把绿植们照顾得非常好——原本都发黄、打蔫的绿植，愣是因为孩子们的细心照顾而起死回生了。其实能让绿植起死回生，并不仅仅是 6 名"植物小卫士"的功劳，班里的大部分同学都对照顾绿植有着浓厚的兴趣。放寒假前领养绿植的时候，孩子们也纷纷报名。这学期看到操场东侧高年级同学种的植物，大部分孩子都向我表达了参与类似活动的意愿。因此，为了响应学校号召，我们班开始尝试草莓种植。

---

① 本文作者：刘梦媛。

## 二、园艺心理给予我们的"惊喜"

### （一）与小草莓的初遇

孩子们听到要种植草莓的消息后，都非常开心和兴奋。在正式开始种草莓之前，我给孩子们上了一节关于草莓的班会课。用绘本《草莓》引入，利用学习单让孩子了解草莓的生长过程。例如，什么时候播种，有哪些朋友帮助了草莓成长，种植草莓需要注意什么。之后我们以随机抽签的形式进行了分组，孩子们给自己组的小草莓起了名字，并在自己的写话本上写了想对小草莓说的话。

### （二）与小草莓一起成长

紧接着我又利用班会课让孩子们给各自的草莓画一个名牌，并分配了观察记录的任务。令我意外的是，虽然孩子们在做这些事的时候依然会发生小矛盾，但是他们几乎都能自己解决。遇到不同意见的时候，不吵也不闹。有的组投票解决，有的组干脆就石头剪刀布。

这节班会课，我印象很深刻的是我们班的虎子同学。我们班的虎子是个特别让我"头大"的孩子，是我们班的"名人"。这节课上到一半的时候，和他同组的孩子跑过来和我说虎子同学哭了。我便找到虎子了解情况。他哭着说大家觉得他是坏孩子，觉得他说的都不对，都不听他说话。我安抚了他的情绪，告诉他要用实际行动向大家证明他不是大家想的那样，也告诉和他同组的同学，让大家接纳他。要学会尊重他人，听别人说话这件小事就是尊重他人的表现。虎子同学因为这件事现在慢慢地有了改变。通过班会课，孩子们在体验中了解了集体中的"我"，也学会了"谦让"和"尊重"。

## 三、园艺心理育人的无声力量

### （一）小小植物，大大责任

孩子们热情高涨，每天早上来到教室的第一件事就是观察自己组的草莓有没有变化，细心观察，草莓是不是需要浇水，叶子为什么变黄了。我们班种草莓的活动遇到了第一个挫折——有的组的草莓苗蔫了。

### （二）小小困难，共同解决

为了"拯救"小草莓，我们特地利用中午的时间，针对这个问题进行了讨论。最终发现是我们的"热情"差点"害死"草莓们。孩子们浇水过多，导致草莓苗差点淹死。于是我让孩子们在浇水之前一定要确认土壤是否湿润，如果是湿润的就不用再浇水了。经过孩子们小心翼翼的挽救，终于有一组的小草莓长出了新的嫩芽！这小小的嫩芽让孩子们看到了希望，有了坚持的动力，也让我从他们的身上学到了乐观与不放弃的精神。

### （三）小小活动，大大力量

虽然大部分的草莓苗最后都因土壤问题而种植失败，但孩子们后期仍然细心地照顾着，并期待有一天它们还可以发芽、长叶。我想，虽然我们班的草莓并未收获、结出果实，但在孩子们的心中一定结出了比草莓更有意义的果实。

# 借助园艺活动　探索家庭教育新途径 ①

家庭作为社会最基本的构成单位，是孩子们人生的起点，为每一个孩子的成长提供了底色。作为一名心理教师，多年来的一线工作让我体会到家庭教育对于小学生心理健康的重要影响，孩子的很多行为、心理问题都能从家庭教育方式和家庭关系中找到根源。在学校园艺心理特色探索中，我们尝试着探索家庭教育新途径。

## 一、借助种子培育促进家长感悟教育

为了促进家长在理解的基础上对孩子进行教育和引导，我们设计了本次家长培训课程。具体过程如下。

### （一）种子观察中感受不同

首先，引导家长进行类比：如果把自己的孩子比喻成一种植物，你会选哪种？

其次，随机发放樱桃萝卜、豆角、碗莲等种子，引导家长多感官观察，发现种子的不同后，讨论种子的培育方法。在此过程中，通过种子成长条件的差异引导家长认识到培育种子的过程是不同的，需要根据种子本身的需要来展开培育。

培育种子，我们需要考虑种子的需要是什么，而我们养育孩子会考虑到孩子的需要吗？小组讨论分享，引导家长感受日常家庭教育、亲子沟通中可能存在的问题。

---

① 本文作者：尤佩娜。

最后发放任务，让家长带 1 ~ 2 粒种子回家种植，记录分享培育过程。

### （二）种子种植过程和结果中看见差异、促进反思

首先，借助家长们分享的图片，促进家长真正看见孩子们的不同，比如碗莲就需要长在水中，土壤需要的是塘土，而其他种子可能对土壤要求没有那么高，由此引导家长们深入认识到种子们的需求差异。

其次，请家长们分享自己的培育过程，以及自己在培育中的反思。

再次，回到对孩子的植物比喻中，我们是如何培育我们选择的种子的，我们又是怎么教育引导自己的孩子的。借助家长们在种子培育过程中会根据每个种子的成长需求来提供相应的土壤、水分、养料等，引发思考：我们养育孩子的过程是否真正地看见了孩子们的需要。

最后，引导家长了解孩子的真实需要，并增进沟通。

## 二、在叶画制作中感悟家庭关系

为了促进家庭成员之间的相互理解，改善家庭关系，我们设计了家庭叶画制作：我们一家人的课程。主要内容如下。

### （一）叶子选择中体会差异

提前发放任务，让参与课程的爸爸、妈妈和孩子每个人选择一片自己喜欢的叶子并带到课堂上来。

课堂上分享自己选择叶片的理由，促使家长和孩子看见彼此的不同。

### （二）叶片放置中感受冲突

让爸爸妈妈和孩子将自己的叶片放到一张家的构图上，要求是按照自己的想法摆放自己的叶片，同时不能干预他人的做法。

请家庭成员分享这个过程中的感受、思考和做法。在分享中发现家庭关系中存在的各种问题，比如爸爸妈妈对孩子的干预、爸爸妈妈对彼此的介入等，促进家庭成员的自我反思。

### （三）叶片调整中学会沟通

提供建立和谐家庭关系的途径，引导家庭成员结合自己日常言行进行自我反思。

请家庭成员结合本节课所学，参照以往的相处模式说出今后家庭生活的期待和希望，促进家庭成员了解彼此的需求。

### （四）名字共议中促进和谐

为自己的叶画取一个名字，要求尊重所有家庭成员的想法，巩固课上所学，同时感受彼此尊重。

## 三、园艺活动反思

借助园艺活动开展家庭教育是一次全新的尝试，效果也比以往的单纯培训和面对面授课更为理想。

体验性的园艺活动更容易激发家长的真实感受，促进其反思。在几次尝试中，我们发现园艺活动中，家长和孩子们很容易表达出自己的真实想法，由此让家庭教育的过程更加顺畅和自然。

园艺活动给家长留有更多的思考余地且更容易接受。园艺活动这一形式不再是直接的教育引导，更多的是活动体验中的感悟反思，由此避免了可能的对号入座，让家长们也在不知不觉中完成了自我反思。

# 园艺心理活动在班级管理中的应用 ①

"到田野上去，到公园里去吧！正是这生命的清泉，将使您的学生成为睿智的研究者，富有钻研的、求知旺盛的人和诗人。"苏霍姆林斯基曾满怀激情地这样呼唤。"到田野上去，到公园里去"正是在呼吁孩子们亲近自然、走进自然，因为自然中蕴含着无穷的能量与知识，在自然中观察植物的生命历程，感受生命能量；观察不同环境下的植物，感受它们的不同特性与品质；在观察和感受中，变得沉静，变得耐心，变得善于发现生活的美……园艺心理活动给城市中的孩子一个走近自然、感受生命力量的契机。

## 一、传统的班级管理

作为一个年轻班主任，在带班的初期，最困惑的就是"应该如何切实地做好班级管理"。一方面，当时我总是感觉班里需要解决的问题很多，而自己又看不清问题的所在，提炼不出一个关键点，班级管理不知从何入手；另一方面，初出茅庐，想法很多，想开展的活动也很多，但又因为没有目标，活动都是散点式的，没有针对性，实际效力不强，往往徒劳无功。

## 二、心理整合下的班级管理

面对传统班级管理中遇到的问题，我结合心理学知识，将其进行了整合与梳理，发现：一个班集体犹如一个小社会，这其中存在着四种关系，即生与己的关系、生与生的关系、生与师的关系、生与环境的关系。而班级管理

---

① 本文作者：谷思艺。

正是针对这四重关系而进行的。

在生与己的关系中，主要培养学生的自信自强、决策和自我管理等心理能力。在生与生的关系中，主要培养学生沟通、合作、谦让等同伴交往能力。在生与师的关系中，主要建立良好的师生关系，创设平等、安全的交流氛围，所谓"亲其师，信其道"，帮助班级各项管理工作更好地进行。在生与环境的关系中，主要培养学生热爱班级、热爱学校、热爱祖国的良好品质，培养学生的责任心和集体意识。

在这样一个体系中，我的班级管理活动更有指向性、更有针对性。例如："自画像""你很特别"活动帮助学生认识自我，建立自信；"时间管理我能行"帮助学生学习时间管理，做好自己的规划；"信任之旅""团结力量大"等活动帮助学生建立良好的同伴关系；"我想对您说"信箱是我与学生建立良好沟通的桥梁；"光盘行动，我能行""校园是我家"等活动培养了孩子们的公民意识和集体意识。

绚丽多彩的活动丰富了孩子们的生活，培养了孩子们各方面的能力。但通过上述简单的罗列，我们不难发现，这些活动虽多，但彼此之间往往没有什么联系与延续。而且，一个好的班级活动，后续追踪与落实尤为重要。但这是这类"散点式"活动很难做到的，或者说是需要班主任耗费很大精力才能实现的。

## 三、班级管理与园艺心理活动相融合

园艺心理活动在班级管理中有三大优势：连续性、真实性、综合性。

### （一）连续性

与散点式的班级活动相比，园艺心理活动是线式的、连续性的，是一个完整的生命历程。在这完整的生命历程中，活动是连续的，心理成长也是连续的。

例如，植物栽培活动。最初的选种、选土、选时节栽种，在了解学习科学知识的同时，培养孩子们的决策能力、时间管理规划能力。植物生长过程中，必须定时浇水和养护，这可以培养孩子们的责任感。不同的植物有不同的喜好，让学生借助植物认识自己，同时学会接纳彼此的不同。育苗、分苗，挑选更加苗壮的幼苗进行培育，教会孩子学会取舍，同时要为自己的选择负责。植物生长过程中还会遇到挫折——叶子枯黄、烂根、生虫……培养孩子分析问题、解决问题的能力，增强孩子的抗挫折能力。有些植物的生长、开花与结果，要半年或者一年时间，长期的等待，锻炼孩子们的耐心。

园艺心理活动的连续性，同时也强调了它的及时性，有些变化或时间点没有捕捉到，那就只能遗憾错过。这就要求我们在开始园艺心理活动之前，做好预设，做好设计。

### （二）真实性

与传统的班队会或心理活动相比，园艺心理活动的真实性体现在活动载体的真实性和活动过程的真切感。园艺心理活动所有载体都是真真切切、陪伴孩子们成长的植物；活动中所遇到的问题，都是孩子们在活动中真实遇见的，而不是老师特意设计的；而且活动中的一切感受，都源于真实的事物和真实的生活情境，并非虚拟创设的环境或游戏活动情境。这般情真意切，让学生有更多的融入感，能更好地参与其中，有所感悟。

我们通过种植活动培养学生们的小组合作能力和沟通能力。以往我们为了培养孩子们的合作、沟通能力，会特别设计和安排相关活动，如搭塔、哑巴作画等。这些活动往往只是为了活动而活动，最终孩子们合作出来的成果——纸塔、哑画，并没有实际的用途，孩子只是为了感受合作而合作。对于部分同学来说，参与度不高，积极性不强，而且很难针对此次活动进行后续跟进。

而园艺心理活动不同。学生们一起完成种植活动，种下一粒种子或种下一株小苗，孩子们的使命感会更强，参与度、投入度会更高，同伴交往、沟通的质量也就更高，更有利于心理能力的培养。

### （三）综合性

园艺心理活动培养的是学生的综合心理素养。上文所提到的班级管理中的四种关系——生与己、生与生、生与师、生与环境，园艺心理活动能有效覆盖各个方面。

通过植物的成长经历，认识自己的成长过程，认识自己的独特，学会接纳，学会感恩。通过小组种植、小组养护，促成学生之间的交流，促进同伴关系的发展。师生一同呵护一株植物，一起观察小植物的变化，一同探索、克服困难，一起分享喜悦、分享担忧。这一方土、一株生命，更是让孩子慢慢走近自然，与环境进行联系，发现生活的美丽。

园艺心理活动是一种有生命力的活动形式，是班级管理与建设中的特色和重要途径；班集体是从事成长型园艺心理活动的良好载体，而我们新的探索、新的尝试仍在继续……

# 结合园艺心理课程探索语文综合性学习

## ——以园艺心理课"下一段旅程"为例 [①]

新课标明确指出，综合性学习主要体现为语文知识的综合运用、听说读写能力的整体发展、语文课程与其他课程的沟通、书本学习与生活实践的紧密结合。园艺心理课程恰好在实践层面对语文课堂进行了补足。而语文本身的工具性又能帮助园艺心理实践中的学习者更好地交流与分享他们的学习体验与收获。本文结合园艺心理课"下一段旅程"，从以下几个方面阐述结合园艺心理进行的语文综合性学习。

## 一、立足实际贴近生活

语文综合性学习应贴近生活，结合生活中的真问题开展学习活动。在实现学生语文素养提高的同时，更进一步地认识自然与社会，提高在与自然、社会乃至他人沟通互动中的应对能力，培养学生积极健康的心态。园艺心理恰好通过植物栽培过程，带学生走近真实的生活，围绕植物种植所引发的各种问题进行学习。

"下一段旅程"一课的设计其实源于学生种植多肉等植物过程中遇到的真实问题。在种植自己认领的小植物过程中，我鼓励学生对自己种植的植物进行认真观察，并且结合本学期所学，为植物写观察日记。对于低年级学生而言，这一过程让他们兴趣盎然。然而一段时间以后，很多孩子纷纷表示多肉等植物死去了，他们在日记中记录了自己的沮丧和自责。有些同学甚至表示不愿意再种植任何植物。

---

[①] 本文作者：李洋。

对于低年级学生而言，他们对自己情绪的认识非常有限，容易出现情绪行动化的情况。例如面对愤怒，他们可能会暴跳如雷甚至伤害他人；面对悲伤，他们可能会无法自拔甚至自我否定。本课通过多种方式帮助学生认识情绪的多样性，鼓励学生通过口头和书面等多种方式表达自己的情绪，借助集体的力量帮助学生面对失败，并有意识地引导学生联系自己的生活实际进一步增强面对挫折的勇气。

## 二、尊重学生的参与及体验

综合性学习应突出学生的自主性，重视学生主动积极的参与。园艺心理则最大程度满足了学生的参与热情，注重学生实践的过程及体验的分享，为学生语言表达创设真实情境。走进园艺教室，温暖的泥土和可爱的植物像一扇敞开的友善大门，学生们可以自由亲近和体验。

园艺心理课堂注重让每个学生体验到"与我有关"。例如在教学中，学生与植物宝宝打招呼的方式，使学生建立与植物的联系；同学们需要从若干幼苗中选出认领回家的植物，这要求学生必须进一步观察每一株植物，并且进行思考和选择。通过课堂观察可以体会到，园艺课堂没有传统课堂那么安静，孩子们所热切讨论的话题均与种植实践有关。

此外，当园艺与语文相结合，在这样综合实践的课堂上，对学生的评价不再单一，而是以更多元的方式实现师生、生生尤其是学生对自己的评价。学生的效能感来自真实参与的愉悦，来自于实践与思考过后的收获，更来自于课堂与生活的真实联结。课堂中，语言表达变成"有感而发"甚至"不吐不快"，语言表达变成了生生之间跃跃欲试的讨论，变成了因真实需要而进行的交流。

## 三、注重合作学习

如果说，语文综合性学习强调合作精神与组织协调能力，那么结合园艺心理课程的实践，孩子们需要通过一次次小组之间的生生合作来完成学习任务。在这个过程当中，孩子们需要充分进行沟通与交流，以合作的形式完成学习任务。

在"下一段旅程"一课中，每一片叶片都是学生当堂依据自己日记里的情绪绘图完成，因此每片小叶子对学生而言都有很重要的意义。然而要完成这一环节，学生需要首先对自己小组的所有叶片有所了解，并且在安排和粘贴叶片的过程中进行协调，才能在对颜色进行合理分类的同时又兼具美观。因此，生生之间需要进行快速有效的沟通，同时离不开小组成员间的合作。这一过程中需要大量的语言交流，锻炼了学生的团队合作能力。

## 四、多学科博采众长

为了提高学生的语文综合素养，在语文综合实践课中，我认为不妨博采众长，比如加入音乐的元素，从而为学生的语言表达打下良好的情感基础。

情绪的语言化表达对于低年级学生而言难度比较大，"下一段旅程"一课在设计过程中充分考虑到学生实际，从听音乐表达感受引入，让学生试着为情绪寻找对应色彩；然后对涂色的树叶归类集合，让学生直观感受情绪的丰富与真实，继而让学生将情绪与事件进行联系，通过日记、语言交流、书信等方式去体会用语言表达情绪的作用。

## 五、总结

结合园艺心理课程进行的语文综合性学习，有助于学生在更为贴近实际生活的环境当中实践、思考和收获，激发学生结合实践中遇到的真问题运用语言文字进行沟通和分享的意愿，锻炼学生的信息收集和处理能力、组织协调能力、口头及书面表达能力。

# 最美丽的遇见

—— 园艺心理引领下的班级文化建设 ①

三年前的 9 月 1 日，初次走上班主任岗位的我，遇到了人生中第一批小豆包儿。接班不久，学校便展开了园艺心理的课题研究，我也非常有幸地成为课题组的一员。真的非常感谢那一年里所有美丽的相遇，让我的人生变得如此绚丽多彩！

## 一、园艺心理初体验

最初的尝试是在一年级下学期，我在班中尝试开展了"迷你植物园"的种植活动。当时是以小组合作形式展开的，全班 42 名同学分成了 5 个小组，每个小组种植一盆植物，各组选用的植物种类各不相同，利用班会课以及午休时间带领孩子们一点点接触园艺。从最初的了解小种子开始，逐步学习种植的相关知识。我永远都不会忘记那个阳光灿烂的午后，全班同学一起播种的场景，每个孩子脸上都洋溢着幸福的神采，也正是从那一刻起，园艺心理正式在我心中扎了根。

## 二、园艺心理再尝试

经过一年多的观察，我发现班里的孩子对园艺活动都很感兴趣，所以新的学年我又在之前的基础上继续开展了第二阶段的活动——亲子种植。升入二年级，孩子们又大了一岁，他们的动手能力和心智都愈加成熟了，所以这

---

① 本文作者：冯金旭。

一次我将小组合作种植的形式进行了调整，计划让每个孩子都在家中亲手种植一种蔬菜，在遇到困难时，还可以和爸爸妈妈一同想办法解决，以增进孩子与父母间的感情和默契度。活动当天，我为全班 42 个孩子准备了一份神秘大礼。这份大礼包含三部分：土壤与花盆、不用类别的蔬菜种子以及一份我亲手设计的蔬菜宝宝成长记录册。这样的种植活动操作性强，切合孩子的年龄特点，取材方便，不仅能丰富孩子们的课余生活，还能在他们心中埋下生命的种子，让他们亲近生命的成长。之后我又陆续在班中开展了不同的子活动，例如播种之后，引导孩子们写下想对小种子说的话，同时在种子的发育过程中不断完善更新蔬菜宝宝的小档案并在班中交流分享，孩子们的天真善良和真挚的话语总能带给我无数的感动。

## 三、园艺心理让我们每一个人都遇到了更好的自己

随着蔬菜一天天长大，我继续引导着孩子们用心记录蔬菜宝宝的成长。和之前的观察日记比起来，孩子们有了很大进步。在等待种子发芽的阶段，尽管着急，但他们不会再像一年级时只会哭鼻子，这一次他们已经能够学着去鼓励别人，学着用更加积极阳光的心态去面对；在陪伴植物生长的过程中，他们也不再总是三分钟热度，而是在一天天的期待中变得更加有耐心，观察得也越来越深入了。孩子们不仅会给蔬菜宝宝加油打气，还能借助各种不同形式去表达自己的心情，看到种子发芽生长甚至有的同学兴奋地写下了一首小诗，还有的孩子创作出了自己的"种子之歌"……我们的班集体就像一片肥沃的土地，小种子们每天在这片沃土上汲取着营养。随着时间的推移，小幼苗们越长越高、越来越坚韧，那些曾经弱小的只敢藏在地下的小种子早已破土而出，苗壮成长。而在园艺心理潜移默化的影响下，我深深懂得，作为一名班主任，最重要的是要多站在孩子的角度思考问题，需要付出更多的耐心，用爱去温暖每个孩子。正如苏霍姆林斯基所说，那些始终不忘记自己也曾是一个孩子的人，才能成为真正的教师。

## 四、园艺心理活动为班级文化建设带来新方向

在园艺心理课题的指引下，我在班级文化建设方面有了很多新的思路与探索。进入三年级后，结合孩子们的年龄特点，我引导孩子们一起商定了新的班级文化主题：遨游在浩瀚海洋。最让我欣慰的是，这一次的主题完全出自孩子们的创意，孩子们说他们就像一条条小鱼，有着自己的色彩、梦想、速度、方向……我们的班级就像一片浩瀚的海洋，小鱼们离不开海洋，在保有个性的同时也能和伙伴们一起探索海洋的奥秘。围绕这一主题，我们开展了许多班级活动，例如"假如我是一条鱼""大海，我想对你说"等。几个小干部还倡议全班同学合力完成一幅创意画，由我们班的小画家画一幅超大的海水图作为背景，同学们每人用树叶拼出小鱼的图案贴到背景中来共同完成这幅美丽画卷。要完成这幅作品，需要收集大量的叶片，借助条形统计图的形式呈现分类计数的结果，这正是本学期数学课要学习的内容。如此一来，将数学学习与鲜活的班级活动融合到一起，园艺心理的探索之路上竟有意想不到的惊喜！

感谢与园艺心理的美丽邂逅，为我和孩子们开启了一扇通往秘密花园的大门，让我和孩子们在这里一同感受阳光、水分、土壤、空气与生命的相互作用，一同感受生命的力量。同时，多姿多彩的园艺心理活动更让我们每一个人愈加热爱生活。愿未来的每一天里，我们都能在不断发现美好的过程中一直幸福下去！

# 园艺心育　构建有生命力的班集体

## ——园艺心理特色活动为班级生命注入活力 [①]

"嘿嘿，群英班，精彩绽放，加油！"是我们班特有的鼓励方式。它是从心理活动慢慢演变到我们班级日常生活中的，它出现在每天下午3点，铃声响，节奏起，口号声声，同学们为自己鼓劲儿，为班级加油儿。慢慢地，它成为我们重要的班级文化。而它，源于我最初的教育困惑和探索。

## 一、如何做好班级管理，让班集体有序并充满生命力？

一个个小小的生命个体汇在一起，只有当班集体每一个学生都生机勃勃，班集体才能每时每刻都洋溢着生命的活力。结合生命教育和心理学知识，我从学生的视角出发将班集体中的关系进行了梳理，发现：以学生为主体，存在着以下这四重关系，即生与己、生与生、生与师、生与环境。这四重关系影响着班级中个体的发展和班集体的形成，而班集体的生命力也就蕴含其中。

### （一）生与环境的关系——安全、温暖的班级能量场，是班级生命力发展的"摇篮"

在生与环境的关系中，安全温暖的班级能量场是班级生命力发展的"摇篮"。这里的环境，不仅指物理环境，还有精神环境。温馨舒适、干净整洁的班级物理空间是必需的，可以给学生带去"教室如家"的温暖感受，建立亲近感。但班级精神环境的建设更为重要。一方面，合理的班级制度能为学生创设有原则的、自由的班级空间，让学生有更多的安全感；另一方面，温馨、

---

① 本文作者：谷思艺。

温暖的班级文化氛围，能帮助学生增强归属感，提高班级凝聚力，两者缺一不可。像我们在常规的班训之外，还特别设立了"怀感恩之心，赏生活之美"的班级心理口号，还有群英能量墙、群英生日圆盘、群英荣誉墙、群英全家福等不同板块，让每个人都能在"家"中找到自己。温暖而有归属感的内外环境，让学生爱集体、增能量，班集体的生命力开始萌芽。

**（二）生与师的关系——彼此尊重信任、充满爱的师生关系，是班级生命力发展的保障**

互相尊重信任的师生关系是班级生命力发展的保障。为了与学生有更深的交流，我们班特别设立了"我想对您说"信箱。小信箱深受孩子们喜欢，它从二年级设立至今，孩子们和我说了无数的悄悄话。在这里，小谷老师是他们最知心的好朋友。一封封真挚的信，让我懂得，小小的他们从内心深处渴望得到老师的回应，渴望被理解、被接纳、被爱。师生间的信任与爱，让我们班的生命力灿烂绽放。

**（三）生与生的关系——和谐友爱的生生关系，是班级生命力的源泉**

和谐友爱的生生关系是班级生命力蓬勃发展的保证。当班级中每一个人都怀着一份对他人的关怀、对集体的热爱时，班集体的生命力才能源源不断。为此，我们开展了一系列班级团队活动，让学生学会沟通、合作以及同伴交往。我们还巧用记事本，创建美言录，鼓励学生互相欣赏、互相学习。就这样，生生促进，生生影响，促进班集体不断成长。

**（四）生与己的关系——对自己的正确认识、对自己的积极评价是班级生命力的根本**

比较有难度的是让学生正确地认识自己、积极地评价自己，这也是我们每个人未来发展、健康成长的基础，更是班级生命力的根本。但是对于小学生而言，认识自我是巨大的难题。因此，我在班级每一个活动中都会有意引导学生反思、体察自己的内在感受和成长，还会根据不同年龄特点，设计不同水平的自省活动。一、二年级的"自画像""画名字"；三、四年级的"心情日记""时间管理我能行"；五、六年级的"梦想启航""道德两难"等活动，帮助学生树立正确的价值观，提高自省和自我管理能力。自爱、自信的生命个体融汇成一个强大而充满生命力的班集体。

## 二、如何通过特色班级活动，让班集体活而不散、更有凝聚力？

2016 年，在我校园艺心理项目的引领下，我将园艺心理引入了班级建设中。关注班级中的四重关系，结合园艺心理活动，我们开展了一系列活动，从内到外地创造班级生命活力。

### （一）全生命历程的植物栽培活动——促进自身能力的发展

栽种前，同学们查找相关资料，确定种子、土壤和栽种时节，学习科学知识的同时，培养了决策能力和规划能力；植物生长过程中，同学们定时浇水、养护，锻炼着他们的责任感；成长中遇到挫折在所难免——叶子枯黄、烂根、生虫……这种种难题却教会了孩子们积极乐观地面对问题，理智冷静地分析问题，科学创新地解决问题。就这样，学生们在培育和陪伴植物生长的过程中，不断思考、不断实践，也收获了自身的成长与进步。生对己的认识更加深刻，学生自身的综合能力也得到了提升。

### （二）贯穿四季的自然观察活动——加深生对己的内在认识

我时常带领学生走进校园，感受校园中自然的魅力，学做观察记录。与美术学科联合开展的植物画像课，在培养孩子的观察能力和绘画能力的同时，让学生与自然物建立联系。不同的植物有不同的喜好、不同的样貌，学生借助观察植物、理解差异，进而认识自己和同伴。

### （三）小组合作的自然物创作活动——促进生与生的和谐发展

我会不定期地根据学生各年级遇到的不同同伴交往难题，带领学生开展团体自然物创作。例如：利用春季掉落的花瓣，带领学生在花香中感受欣赏他人、鼓励他人、赞美他人的幸福；"六一"节，在插花活动中感受合作的魅力；在树叶飘落的秋季，带领学生在团队叶画创作中，感悟同伴交往的奥秘。

慢慢地，班级中孩子们的笑容多了，师生的共同话题也多了。我们循着生命成长的节奏，打造以"生命"为跨度的园艺心理班级活动，它如同空气，如同土壤，滋养着教室里的每一个生命。班级活动在园艺心理的贯穿下也变得系统化，变得"活而不散"；班集体在绿色生命的抚育下，也变得更加具有凝聚力。

### （四）走出校园的社会服务项目——提升学生与社会的联系

随着园艺心理活动在班级中的持续开展，学生们也有了自己的想法，提出了"四尺花台乐趣多"服务学习项目。希望通过此次服务学习项目，将我校的生态理念，以及学校中所学习到的园艺知识和技能推广到社区之中，指导社区及居民建设多样的、有创意的、有社区特色的花台以装点社区环境，让人们在享受优美社区环境的同时，也感受到社区的温度，同时也为老城区绿化贡献自己的一份力量。

提案很快获得了全班同学的支持，大家对生态理念、园艺知识的兴趣更浓了，对将自己所学能服务他人充满了期待。经过一轮又一轮的修改，项目在大家的努力下变得越来越完善，终于不负众望，在 3000 多份方案中脱颖而出。项目入选后，同学们都士气高涨，主动申请加入项目当中，积极参加和支持活动，参与意识化被动为主动。然而，项目刚刚开始，就迎来了严峻的考验……

## 三、疫情来临，线上学习，如何保持班级活力?

结合班级园艺心理特色项目，激发学生勇担当、乐思考、善创新的品质，创造班级无限活力。

### （一）关注事实，学会担当与奉献

2020 年新春伊始，新冠肺炎疫情突如其来，给国家和个人带来严峻的考验。而新冠肺炎疫情的发生，更是让人们对人与自然的关系进行了深刻的反思，孩子们也深刻地意识到推广生态理念、共建和谐自然生态社会的重要。这更坚定了孩子们做好"四尺花台"项目的决心和信心。疫情期间，孩子们虽不能见面、不能聚集，但对项目的热情依然不减。他们决心结合疫情形势和园艺心理知识，积极推广生态理念，倡导绿色装点生活、绿色疏导心情，为抗击疫情贡献自己的一份力量。

### （二）结合节气，乐于思考与分享

疫情肆虐，给人们带来了未知和恐慌，园艺心理特色项目能做些什么呢？孩子们想到了中华传统文化中的二十四节气，它蕴含着古代劳动人民对于自然的探索与智慧。可以说，二十四节气是具有中国特色的绿色生态理念。西方国家的绿色理念着重于减少污染排放，是一种有关"控制"的概念，那二十四节气就是考虑到自然的周期循环，结合自然的气候和节律，"疏导"人们规律生活的绿色生态理念。同学们一起学习二十四节气知识，结合疫情防控，设计制作宣传小报，先后开展了"阳春三月惊蛰到，花台映暖驱严寒""春分盼：山河无恙，人间皆安""清明播种敬英雄""雨生百谷即将至，诗词植物正当时""小满·五二零"活动，为人们带去节气知识、应季养生方法，更为大家带去了抗击疫情的信心与力量，展现了新时代少年积极向上、不畏困难的品格。

### （三）心系祖国，善于实践与创新

在特殊时期，少年们也心系着国家，心系着默默奉献的英雄城市——武汉。

在那个特殊的清明日——国家公祭日，项目负责人孙同学大胆创新地将清明节气特点——"种瓜点豆"，以及疫情时事——祭奠英雄相结合，设计了"英雄的城市，英雄的人民"专题系列活动。孩子们借用花语向革命先烈们致敬，讲述武汉这座英雄城市的革命故事，用这样的方式为武汉加油、为祖国加油！

这场史无前例的重大疫情，改变了学习方式、打乱了原本的生活节奏，这些都引发学生关于生命、人生与社会的重要思考。而此时，引导学生积极、正确地思考和看待问题就是班主任的重要议题。在一次次的线上活动中，孩子们飞速成长，他们用行动诠释着：有家国情怀，行少年使命。孩子们的成长，也让我意识到，这场新冠肺炎疫情为学生成长提供了难得的社会教育素材，因此充分利用线上空间，结合班级特色的园艺活动，不断在班级生活中融入社会教育素材，进一步缩短了班级生活与社会生活之间的距离，促进了学生们的全面发展。

就这样，在一个安全温暖的班级环境里，在彼此尊重信任、充满爱的师生关系的保护下，在一个个自爱自信的生命个体互相促进、互相融合的过程中，我们形成了一个温暖、友爱、充满生命力的班集体。从班级到校园，从校园到社会，从线下到线上，园艺心理特色活动又为班级注入了新鲜的血液和无限的活力，孩子们学思践悟，在实践中不断成长，有想法、乐思考、敢挑战、勇担当，一个个蓬勃向上的生命让我们的班集体不断成长！

# 共护校园氧气林　园艺活动育生命 [①]

## 一、活动背景：园艺育人环境

学生的成长离不开良好的育人环境，校园中的一草一木、一砖一瓦都可以是学生成长的资源。

长期以来，史家一直高度重视德育工作，将课程作为德育的主阵地，不断创新德育机制。"服务 +"德育课程正是对新时期德育模式的创新探索。以"服务"为抓手，将家国情怀的培养作为激发学生成长内驱力的关键，从价值观引导切入，通过服务来育人，引导学生在服务中学习、在学习中服务，系统构建"以学生为中心、以实践为核心"的德育课程体系，从而打开教育视野，转变学习方式，生成多元评价，建构生动、真实、与时代相适应、与国家建设和社会发展息息相关的德育新模式，从根本上改变了学校德育的传统样态，形成了以"服务"为关键词的德育工作新常态。

史家实验学校始终坚持开设园艺相关课程与活动，如一米菜园、绿色农艺园、园艺心理以及心"晴"广播等。在这些与植物相关的课程与活动中，学生每节课都可以亲自动手，触摸植物，感受自然，在日常课程中进行德育渗透教育，培养学生爱护花草树木、保护环境的良好品德。

## 二、活动体验：沉浸园艺世界

### （一）发现：植物的神奇作用

在本课伊始，我和学生们一起通过视频回忆金秋九月共游校园的欢乐场

---

① 本文作者：闫仕豪。

景，记忆中我们一起欣赏花草树木，看那枝头树叶的渐变色彩，看那小草在霜露中顽强生长，看那花朵迎着秋风傲然绽放。孩子们笑着闹着，感受着植物带给我们的美好回忆。

观看完视频后，学生纷纷交流自己的感受。有人说这些植物装点了我们美丽的校园，有人说这些植物带给我们美好的心情，就这样我们一起感受植物为校园发挥的作用——愉悦心情、美化环境、制造氧气。这个过程让学生有发现美的眼睛、感受美的内心，不断发掘和提高自身的审美鉴赏能力。

### （二）交流：植物的丰富知识

植物的世界是丰富多彩的，有着许多知识等待我们去发现。在校园生活中，学生借助学习单，找到了自己最喜欢的植物，并在课后通过多种方式途径对这些植物进行了解。

学生交流自己的学习单——富有特色的绿色农艺园、小小的一米菜园天地、秋日最美的银杏大道、美丽的操场花坛，学生们侃侃而谈，在交流中分享植物知识，引发更多关于植物的联想与思考。在这个过程中，学生不仅学会分享收获，而且学会联系生活实际，热爱生活。

### （三）体会：植物背后的文化

植物文化绵延数千年，中国人民自古崇尚自然、热爱植物，《诗经》中记载的植物多达 130 多种，我国各个传统节日中也总能见到植物的影子。我为学生播放相关音频、视频，共同了解植物背后所蕴含的文化。

学生在交流中提到了很多植物，更加了解它们的文化内涵，比如：苔花如米小，也学牡丹开；桃李不言下自成蹊……在分享中，学生深入体会多样化植物的文化内涵，感受其背后所蕴含的中医药的文化传承以及民族精神的内涵。

### （四）实践：制作植物养护牌

这些植物已经融入我们和谐生态的校园文化，成为我们校园美丽的植物名片，那么我们可以为这些植物做些什么呢？为了更好地激发学生保护校园植物的意愿，提高护好绿色校园的意识，我开始带着学生一起制作形式多样、功能各异的养护牌。

我们先查找资料，观察各种养护牌，学生发现养护牌的形式是多样的，上面都有一些提示语，有人提议说这些植物养护牌只是普通的养护牌，如果在养护牌上再加上我们的感想，养护牌就更加暖心了。我们就按照这个思路开始设计养护牌，学生们分组讨论，经过几轮交流修改才完成最终的定稿，后续我们还会将这些养护牌制作出来，共护我们的校园氧气林。

## 三、活动思考：在园艺活动中润养生命

校园氧气林活动的开展，让我们深入了解植物的内在。在氧气林中，学生们研究着一枝一叶的生长，琢磨着一花一草的生命，他们知道了更多和植物有关的知识，体会了植物背后蕴含的文化。在与植物的相处相伴中，学生自身也得到了润养。

# 第五章

## 园艺心理伴成长

# "水培厨余" 促成长 ①

## 一、缘起

小学低年级学生的感知特点在于感知事物时满足于事物的大概轮廓与整体形象，常常不对事物作精细的分析，容易忽略事物的细节，具有明显的随意性与情绪性。他们的感知活动较少受目的控制，较多受兴趣控制。这就导致他们感知事物常常跟着兴趣走，缺乏耐心和意志力。

因此，我设计了通过水培厨房里的各种蔬菜厨余，充分让学生在体验中学习，帮助学生了解水培过程，培养学生专注与坚持的品质，变废为宝，为生活增添色彩，让学生更加热爱生活。

## 二、观察初体验

### （一）没有被发现的植物

为了更好地激发孩子们的好奇心和参与感，第一步就是寻找厨房里的植物，本以为这是一件很简单的事情，但结果出人意料——竟然有很多孩子认为厨房里并没有植物。讨论之后才发现，小朋友们"心中的植物"原来是花草树木，是绿植，是盆栽……而正是这次意外的结果，让我们有了新的碰撞：植物与我们的生活。由此我们通过小视频、绘本和孩子们讨论了我们生活中的各种各样的植物，进而认识到厨房里的植物。我们班的孩子很多从小到大几乎就没有见过五谷果蔬的生长过程，所以也难怪他们对蔬菜、粮食这类植物"视而不见"。我们由此开启了新的厨房植物探索：水培厨余。

---

① 本文作者：乔艳。

### （二）探索水培厨余，多维体验生活

带着新认识展开家校协同，孩子们继续探索，爸爸妈妈在家指导，老师在校引领，孩子们当天就发现了很多厨房里的植物，带着好奇开启了我们的水培之旅。为了让活动更具有趣味性，同时最大限度地调动孩子们的兴趣和参与度，我让孩子们自己尝试水培白菜根、萝卜头、蒜苗、豆芽等，并开展观察记录，在班级分享。

有的孩子水培萝卜头、白菜根，感受到了成长；有的孩子水培葱头、蒜苗，有了意想不到的收获；也有的孩子在水培豆芽中收获了"臭臭"的豆芽菜……水培过程中有开心快乐、也有伤心失落，这份真实的体验，让孩子们体验了生活，感悟了成长。

我相信，每一份发自内心的期待、每一次用心的呵护与照看、每一天认真的陪伴与培育都是孩子们独特的体验，都是一份宝贵的财富。

## 三、生活即教育，水培伴成长

在水培接近尾声的时候，翻看孩子们的记录，我欣喜地感受到了孩子们的成长。

### （一）真实体验，有乐趣、长本事

孩子们的记录形式多样，图文并茂。有的同学侧重于用数字的方式来记录，如植物的长度、发芽的叶片数量等。有的同学则用文字描述的方式进行记录，甚至出现了连续和非连续文本，例如有的同学就是用自己做的图表去记录的。同学们有意识地去记录植物的变化，感受生命的神奇。

### （二）发现美，爱生活，看"垃圾"有了新视角

多数同学其实对于水培白菜头等厨余植物并不陌生，但是真正自己实操一次，感触颇为深刻。很多同学惊叹于这些厨房里的"垃圾"竟然可以为美化生活做出贡献。进而思考以更多的方式为绿色地球贡献自己的力量。这与我们的活动初衷十分吻合。

### （三）植物培育中感悟生命、尊重生命

砧板上被切下来的发芽的土豆块、白菜根，其貌不扬，很多人不屑于留存它们。然而当孩子们看到这些水培的成果，都纷纷惊叹这些植物生命力的顽强。当看到孩子们的观察心得时，我不禁反思，我们常常告诫孩子要尊重生命，然而如果他们并不知道植物的生长过程，那么感触就不深。孩子们通过园艺活动参与到植物的生命历程中来，也许会真正懂得该如何尊重那些无言却顽强的生命。

# 土豆种植中的陪伴与感恩 ①

有研究表明：从事养花或种植蔬菜等活动，可以让我们精神放松，有助于缓解精神压力，重新唤起对生活的美好憧憬。

为了让久居城市的小朋友们感受一下田园日常，我和班里的孩子们一起开展了土豆种植活动。大家可别小看这一颗颗小小的土豆，在我们眼中，它们不仅仅是普通的植物，更是可爱的土豆宝宝。每一位同学都像土豆宝宝的爸爸妈妈一样，细心地培育它们出芽，耐心地等待它们长大，用心地记录它们的成长。每天，同学们放学回家后第一件事就是去看看土豆宝宝长得怎么样了——这些土豆宝宝要想长大，不仅要有合适的土壤，还要有适宜的水分、充足的阳光……

当小小的土豆终于露出了小芽，孩子们用文字和图画记录着内心的兴奋；看着小芽慢慢长高，孩子们开心，我兴奋，同时我们又有点替它们着急，多希望它们长得再快一点，多盼望再过一天，这些小小的嫩芽就能长成苗壮的小苗；当小苗越长越粗，叶子越来越多，我们又开始期盼着开花的瞬间……或许这样的期盼与激动，也只有身处其中的孩子们感受最为真切！

土豆宝宝在一天天地长大，我们班的同学也在悄悄地发生着变化。

他们慢慢地不再像原来一样急躁，因为土豆宝宝让他们感受到生命的成长原本就是一步步缓慢前行的……越来越多的同学在陪伴土豆宝宝成长的过程中学会了等待；他们渐渐地开始理解爸爸妈妈的唠叨，因为他们发现生命的成长过程实在困难重重，越来越多的同学在陪伴土豆宝宝成长的过程中学会了感恩。土豆宝宝在一天天地长大，同学们也在这个过程中悄悄成长……

两个月的时间对于同学们来说是辛苦的，浇水、移栽、光照……土豆宝

---

① 本文作者：孙鸿。

宝成长的每一步都离不开同学们的精心照顾；这两个月的时间对于孩子们来说也是紧张的，刚刚涉足园艺的他们不敢有丝毫懈怠，一个疏忽可能就会导致种植的失败。但是，这两个月的时间对于同学们来说又是幸福的，见证土豆宝宝的诞生、陪伴土豆宝宝成长是多么令人喜悦。

转眼间，土豆宝宝的种植活动就要告一段落了。这次活动带给我们很多的收获。培育土豆宝宝生根、发芽的过程让我们一同感悟成长。

或许，这就是植物的力量，这就是园艺心理的魅力所在吧！

# 在种植体验中成长 [①]

## 一、缘起

随着城市的不断发展，生活在大都市的孩子们的日常生活正在与周围的自然环境不断疏离，孩子们亲身参与实践活动的机会越来越少。针对这一现状，借助学校的绿色农艺园开展无土栽培和有土栽培的活动，不断挖掘种植活动在促进学生身心发展方面的作用，让学生感受自然与人类相互依存的关系，体验种植、收获的乐趣，感知植物生长以及自然变化的奥秘。

小学生基本没有种植经历，对于瓜果蔬菜的生长过程了解不多，但他们喜欢参与种植活动。因此，我设计了种植常见蔬菜的活动，为学生提供充分接触自然、认识自然、探索自然的机会。孩子们可以在活动中得到最真实和最直接的体验，从而萌发亲近自然、热爱自然的情感。

## 二、种植初体验

为了能让更多的同学参与种植实践活动，我们通过张贴海报、手机 App 等进行宣传和推广。活动伊始，同学们分到一块属于自己的"一米菜园"。同学们自己装钉木箱，填土备耕，动手播种，种植自己喜爱的蔬菜幼苗。同学们去浇水时常常还会有一份惊喜：上周刚刚顺竹竿攀爬的西红柿茎叶今天已经长出了花骨朵；紫色的茄子枝上忽然探出几朵小黄花；顶着小花的秋葵又粗壮了许多……同学们在菜园里忙碌，浇水、除草、掐尖、上架……用实

---

[①] 本文作者：张文芳。

际行动对菜园进行养护，虽然辛苦，却充实愉快。

栽培植物是一个和生命共同成长的过程，小学生处于对世界充满好奇的年龄阶段，从种下一棵小苗开始，他们就在关注生命本身，伴随小苗苗壮成长。植物生长时期，学生细心观察，以多种形式做记录。果实成熟了学生还学会了分享，送到食堂做成美味的菜肴。学生在这个过程中完整地体验到了呵护生命的神奇和快乐，是童年时代一段难忘而甜蜜的回忆。

## 三、融入大自然，种植伴成长

在一米菜园种植实践活动中，学生全面、深刻地认识了常见的蔬菜植物。学生不仅学习了科学知识，还提高了自身的综合素养。

### （一）精彩记录提升表达能力

学生选择自己喜欢的蔬菜亲手播种，并悉心照顾、认真观察、及时记录。从观察记录中可以看出，播种菜园植物是很多学生非常喜欢做的一件事。学生的观察记录没有限定形式，有口头描述、文字记录、图画记录、制作PPT和拍摄视频等，学生的表达能力得到提升。学生运用多种方式描述植物的外形特征、猜想植物生长背后的秘密、对植物进行拟人化的联想等。在观察植物的生长变化过程中，学生感受到大自然孕育生命的神奇。

### （二）生活中学习，实践中收获

种菜不完全是为了结果，其乐趣贯穿整个种菜过程。种下菜苗，播下希望。学生每天早晨都主动到菜园浇水，和老师一起除草、除虫、搭支架……在炎热的夏天，每天干完活都是大汗淋漓，却真正体验到什么是付出和责任。种植活动涉及的内容非常广泛，很多同学是第一次接触，有苦有累，会碰到困难，学生们就用自己的方式探寻解决。蔬菜果实丰收了，孩子们就送到食堂，让大家一起品尝丰收的喜悦。在实践体验中，孩子们的合作意识和协作能力有所提升。

### （三）种植活动中感悟生命之美

丰富多样的植物栽培活动，使学生的学习由传统的课堂学习转换成在生活中、自然中学习。学生在种植过程中观察生命的孕育、发展及其活动规律的同时，充分感受生命孕育与生存的艰难，从而体会生命的珍贵。学生在经历了种植活动后，不仅学到了许多种植知识，还亲身感受到生命的来之不易，甚而学会接受生命逝去时的悲伤，真切地感知生命的意义。

# 春天里的发现 ①

自我班开展园艺心理活动以来，同学们兴趣高涨。我带领孩子们开展了主题活动——春天里的发现。

和上学期培育蒜苗不同，这一次我把自主权交给了孩子们。我让他们自主选择观察的植物，为期一个月，建议每周记录一次，形式可以是文字，也可以是图画、图片，约定一个月之后在班里交流展示。孩子们结合自己的实际生活，有的准备观察花卉（丁香花、茉莉花、桃花、小叶菊等），有的准备观察蔬菜（樱桃萝卜、油菜、小白菜等），还有的准备观察种子（蚕豆、黄豆等）。孩子们热烈的讨论让我对活动充满了期待！

结果的确出人意料！在交流展示中，孩子们纷纷畅所欲言。有的同学说："通过一个月的观察，感觉春天里植物生长的速度真是惊人，每周都有很大的变化。"有的同学说："通过观察了解了樱桃萝卜的种植方法，学会了细心观察，体会到播种、收获的乐趣。"还有的同学说："我感受到养大一个生命需要花很多的时间和精力，感受到生命的宝贵。"

著名教育家陈鹤琴先生说过，大自然、大社会是最好的活教材。要尽情让孩子们到大自然中去感受、去探索。作为地处二环边上的城市校园，这一次为期一个月的连续观察活动，为孩子们积累了丰富的写作素材与生活经验，孩子们不仅了解了很多有关植物生长的知识，还体会到了植物生命的宝贵；不仅锻炼了动手能力，也培养了爱心和责任心。通过这样的活动，孩子们亲近大自然、了解大自然，体会劳动的快乐，增强了与自然的联系，同时感受到生命的神奇，懂得尊重生命的意义。著名教育家杜威认为："教育即生活"，学习来自个体的直接经验，作为语文老师，这次活动也让我看到了"攻克"部分孩子作文难题的方法——在体验中学习，在感悟后成长。

---

① 本文作者：柯凤文。